蔣中正的婚姻記愛

陳立文——著

目次

第一章　前言

這本小書名為《蔣中正的婚姻記愛》，是延續個人在二〇一四年編撰的三本小書《蔣中正的讀書誌思》、《蔣中正的信仰寄情》、《蔣中正的生活拾趣》之後，大量運用蔣中正日記與《蔣中正總統五記》中《愛記》、《遊記》的資料所寫的另一本著作，由於蔣日記中大量記錄他與宋美齡的婚姻與愛情生活，因此本書所談蔣中正的「婚姻記愛」只針對宋美齡，不擬旁及其他女子。不過在全書之前，還是以「蔣宋婚姻之外」略敘蔣、宋婚姻之前蔣的另幾段婚姻與愛情生活。

全書共分七類內容，除「蔣宋婚姻之外」，「戀愛　婚姻　愛戀」敘述蔣與宋從相識、相知到結婚的戀愛過程，以及兩人結婚之後依舊不忘戀愛的甜蜜，乃至愈老愈深厚的繾綣深情。「知己之愛與同志之愛」記述蔣宋兩人如何從婚後的男女戀愛之情，由於革命的理念以及環境的磨練，發展到相輔相成的知己同志，進一步成為相知相守的革命伴侶。「公務的參與」記敘宋美齡折衝樽俎的協助，社會工作的投入，日常公務的參與，在蔣的公務生涯中所給予的助力與支持。「生活的伴侶」描繪兩人的生活點滴，是政治光鮮面背後的真實面，也可以看到兩人世界的相依相持。「卿須憐我我憐卿」採記蔣日記中對於兩人疾病相扶持、患難相勸慰的大量記敘，可以看到兩人一路走來不為人知的辛酸。「但願如同樑上燕」以蔣日記中對每年節日、生日、結婚紀念日的記錄，配合照片與文件記敘兩人「歲歲常相見」的意趣。在各類中，復以小標題分段敘述，以使讀者能夠更直接的瞭解內容並抓住作者的撰寫脈絡。由於這是一本不完全學術性的軟性著作，因此不用太多的註釋，但所述內容均有其出處，尤其以蔣個人的日記為主要引文來源，當更具可靠性與可讀性，書中所用照片文件，均採用國史館典藏蔣中正總統文物內資料，特為之說明。

第二章　蔣宋婚姻之外

蔣中正在與宋美齡結婚前，曾在上海《申報》刊登啟事，敘述「民國十年，原配毛氏，與中正正式離婚。其他二氏，本無婚約，現已與中正脫離關係。現在除家有二子外，並無妻女。惟傳聞失實，易滋淆惑，專此奉復。」[1]即一般常被引用的「毛氏髮妻，早經仳離；姚陳二妾，本無契約」，也可以說是公開的離婚聲明，這中間提到三位女性，分別是毛福梅、姚冶誠和陳潔如，在蔣的日記中對這三位女性與他之間的婚姻愛情生活都有所記載。

余與前妻毛氏不睦

蔣中正原配夫人毛福梅，生於一八八二年，大蔣中正五歲，二人於一九〇一年結婚，當時毛二十歲，蔣十五歲。由於這是母命所訂下的婚姻，加上毛氏是個傳統女子，蔣、毛

1　蔣中正與宋美齡於一九二七年九月二十六日訂婚，當日蔣在上海《申報》刊登這則啟示，在蔣日記中亦有「上午擬啟事稿，……晚與三弟談往事。人生之樂以訂婚之時為最也。」之記載。

兩人感情不好。但早年蔣日記中仍可見他心繫家事與妻子，如一九一八年二月十日「今日為陰曆除夕，余在滬安樂如常，而家中老母妻子，當又為余繫念也，思之悽愴。」[2]但似乎只要兩人相處時間一久，蔣日記中就出現怨詞，一九二一年四月間甚至發生兩人對打，這應當也就是蔣經國在蘇聯時期寫給母親信中痛斥蔣中正曾經動手打毛福梅，並將後者從樓梯上推下去的事；在蔣中正日記中，則記載有「與我對打，實屬不成體統」之語，蔣至此決計離婚，但蔣母反對。四月十九日，蔣在日記中記：「母親老悖，一至於此。不僅害我一身痛苦，而且阻我一身事業，徒以愛子孫之心，強欲重圓破鏡，適足激我決絕而已。」[3]不知是否因為這件事情使老人家內心痛苦，同年四月二十五日，蔣母病重，蔣收到消息後趕回家中，四月二十八日日記：「即往溪口，侍奉親病。正午到家時，病勢甚劇。遍體虛腫，咳嗽不順，熱度甚高，牢騷不堪，見之憂愁莫名。」這段期間蔣日記中諸多形容，可以看到他內心的糾結，五月四日：「回家，見毛氏猶在，為之腦暈頭融，殊難

2 蔣中正日記，一九一八年二月十日。蔣中正日記典藏於美國史丹佛大學，本人多次前往抄錄，亦有得自於友人抄錄者，由於本書大量摘取蔣日記，此後凡出自史丹佛典藏本，且行文中日期清楚者不再加註。

3 由於個人手邊日記資料係抄自史丹佛典藏本，許多文字模糊不清，此段參考楊天石，《找尋真實的蔣中正——蔣中正日記解讀（二）》（香港：三聯書店，二〇一〇），頁五〇二－五二六。

忍耐，又起暴躁，亦不顧有母病也。思之實無路可走，出俗之心更濃也。」五月九日：「我在家中，母病反多不便，故含淚起程，至城寓。」六月二日：「今日母病復重。晚母親吩咐後事及喪葬與捐款武嶺庵事，竊恐以後再不能聞母教矣，痛恨何如。」六月九日：「見毛氏而心驚，見其親戚心尤不快也。」他一再思考離婚，五月四日謂：「人類以愛敬相尚，況乎家族之間，我待毛氏太過，自知非禮，但一見心狠不能忍耐，如中國習慣不以離婚為醜事，則今日彼此之痛苦，皆可免除，或可增進無上之幸福。今乃不然，惟使彼此受累，嗚呼！何其難哉。」六月二日：「日間談毛氏離婚，及母親遺囑事，毛氏未能順從一語。」六月三日「順受舅父勸導，暫棄離婚無上之決心。」六月十四日蔣母壽終正寢，蔣暫離鄉，至十一月回鄉處理喪事，見到毛福梅，又起不滿：「忤慢長上，驕矜自恃，不可也。家庭之難處置，婚姻習慣之惡，使人終身受罪。凡事都當從解放做去，不可復以舊習慣害後生也。」[4]十一月二十三日蔣母入葬，二十八日日記中有這樣一段：「上午為離婚事，親戚遲疑猶豫，以致延遲不決，心甚憤恨。自至老屋，向孫氏舅母發惱，方能解決，然已不知費了多少精神也。」蔣母去世，毛福梅少了庇護，在蔣的堅持下，親戚長輩不能不同意二人離婚，但是，如同許多新式婚姻制度下面臨離婚命運的婦女一樣，毛以

---

[4] 蔣中正日記，一九二一年十一月十五日。

「經母」的身份「離婚不離家」，即或蔣中正決定與宋美齡結婚，一九二七年八月下野回溪口，補辦了一紙《離婚協議書》，毛福梅終其一生仍待在蔣家，蔣回鄉時也會與毛寒暄略談。一九三九年十二月十二日，毛福梅為躲避日本飛機轟炸，被倒塌的屋牆掩埋，死於溪口鎮蔣家老宅豐鎬房外，蔣經國悲痛疾書「以血洗血」四字，刻在石碑，立於其母罹難處，誓報殺親之仇，而蔣日記中僅在該年雜錄中記有：「十二月十三日，接張愷電悉毛氏在單家牆下被敵炸坍壓死，不料其短命慘死如此也，命經兒速回家料理一切。」

從這些記載看起來，蔣對於原配毛福梅似乎充滿不滿與排斥，但在晚年日記中，蔣卻不止一次的為自己對毛福梅的不滿找理由，「當十六歲元宵，領導溪口花燈隊至岩頭作戲，妻兄懋卿認以為恥，且比我為敗子，余難忍受，因此與毛氏一生不和也。因此須知後生可畏，對少年人不應侮辱也。」[5]「余與前妻毛氏不睦，並非為本身間相互問題，乃是因早婚惡習，余本人年少不羈，而其兄毛懋卿對余不僅輕視，而且頻施譏刺為敗家子、無出息之流，因此在夫妻間造成惡感。但前妻本人及其父母皆對余甚愛，迄今思之，引為終身之遺憾矣。」[6]對於這段婚姻，蔣或許與毛「一生不和」，但卻終是心中有愧吧！

[5] 蔣中正日記，一九七〇年四月十八日。
[6] 蔣中正日記，一九七〇年八月二十七日。

離合兩難的姚妾冶誠

蔣中正另有一妾姚冶誠，一九一二年與蔣結合，初時，兩人感情不錯，但蔣日記中對姚冶誠的不滿包括她好賭、不懂家計、常與鄰里吵架、又不會照顧人。一九一八年一月二十三日「與冶誠清籌問數，恨其不知困難，而耗費如此也，早間一起床，與其爭論也。」一九一九年十月二十一日「姚妾之無理，實為可惡，怨恨不堪。」一九二〇年一月一日日記首頁即記「恨冶誠」，三月二十一日「今日以冶誠作梗，貪橫不堪，心甚憤恨，暴躁抑鬱，疑慮、怨恨、諸惡叢生，急欲脫去惡習，而又不能，中國婦女只可言授其教育，而不可急言解放，有教育則不待解放而自解放，如不言教育而先言解放，則中國男子受婦女之禍患必伊於胡底，欲脫離家庭，以求所謂自立，亦以此而已。」一九二〇年五月，蔣得了傷寒，姚冶誠卻沉迷賭博，五月十六日蔣日記謂：「近日以冶誠好賭而不侍我病，出言背謬，行動冷淡，見之憤恨難堪，心甚不定，出外覓屋，又無相當之處，牢騷甚矣，即遷至一品香暫住。」蔣從寓所搬出，住進旅館，二十三日，由戴季陶夫人送入筱崎醫院治療，直到二十六日晚，姚冶誠才到院探視，蔣大怒勒令姚立刻離開，還嘆息說：「余夙世孽重，遇此冤家也宜哉！」當時，蔣起意與姚斷絕關係，但是，蔣緯國一直由姚冶誠撫養，認姚為母，也帶給蔣許多歡樂，如一九一八年九月五日「七時往山田家，八時前起程，上鹿島丸，啟船時刻改至午後四時，以寂寞，乃招緯國母子來船遊玩，聊解寂寞，午後三時半，緯國母子上岸，告別，四時開船。」一九二〇年三月二日「冶誠較勤，緯兒活潑，尤為可喜也。」為此蔣猶疑不決，五月三十一日甚至找張靜江、戴季陶、居覺生「諸兄亦來商此事」，蔣自記：「處置冶誠事，離合兩難，再三躊躕，卒無良法，乃決以暫留分住，以觀其變，如果脫離，一則緯兒無人養育，恐其常起思母之心，令人難堪，一則恐其終不能離也。」蔣認為姚「終不能離也」，似乎還牽涉到離異後的贍養費，六月十三日「下午往訪有恆，探冶誠之意向，乃知其敲詐為事，惟利是圖，不勝憤恨。」其間，蔣母到上海探望兒子，與姚冶誠住在一起，對於姚也相當不滿，「母親來教，言及冶誠舉動之兇狠，殊令髮指。」[7]甚至因此發病，「母親瘧疾復發，寒熱大作，見之心慌，我不孝之罪大矣，為始不慎，置此悍妾，竟致母親動氣擔憂，病重如此，可不悔恨乎，……母病沉重，妾悍如故，思之痛苦，無有過於此者也。」[8]儘管憤恨、痛苦，但蔣終無法下決心，「余於此事，殊覺自慚，意至一無決心，為其逼迫污辱至此，是猶以兒女情長之言，可以自恕乎？」[9]此後，蔣常年在外，而姚冶誠則攜緯國常住寧波或奉化，偶而相見，二人關係時

7 蔣中正日記，一九二〇年六月十六日。
8 蔣中正日記，一九二〇年六月二十二日。
9 蔣中正日記，一九二〇年六月十六日。

好時壞，蔣日記會出現「看治誠病，未癒，甚念也」[10]一類詞句，但也仍有「治誠橫逆，心甚嫌惡」[11]之語。一九二四年至一九二六年間，姚治誠曾三次帶緯國去廣州，和蔣中正相聚，但似乎每與陳潔如發生衝突，一九二四年一月，蔣攜姚及緯國到廣州參加中國國民黨第一次全國代表大會，陳潔如為之大發嗔怒，表示與蔣永不再相見。一九二六年姚與緯國自一月初即往粵，一月一日蔣日記有「與治誠、緯兒同床」之記載，二月十五日蔣日記有「晚餐吃醬蹄，與治誠、緯兒等團坐言笑，近日來，以今為最歡也」之記載，次日卻出現「潔如受屈，心甚歉仄也」[12]，而不久姚即攜緯國返滬。

一九二七年，蔣中正與宋美齡結婚前，與姚協議離異，由蔣負擔其生活費用，姚治誠攜蔣緯國移居蘇州。蔣結婚之前曾有一段日記記到姚，「上午會客，緯兒來寓，言有人傳何、白二夫人之邀請，治誠來滬，其實並無其事。此必政敵挑撥使余不安。」[13]事實上，此後姚治誠就如同默默隱藏的隱形人一般，並未造成蔣宋婚姻間的任何問題，不過蔣緯國一直侍姚如母，一九四九年姚亦隨蔣緯國來到臺灣，直到一九六七年九月九日姚病逝，該

10　蔣中正日記，一九二一年十一月三十一日。
11　蔣中正日記，一九二一年三月七日。
12　蔣中正日記，一九二六年二月十六日。
13　蔣中正日記，一九二七年十一月十七日。

日蔣日記云：「膳後領經兒乘車，途中得報稱冶誠已於九日逝世云，感慨係之。」

恨之又愛之憐之又痛之的潔如

前段提到的陳潔如，是蔣中正一九二一到一九二七年間常相往還的伴侶，原名陳璐，浙江鎮海人，一九〇六年生。據《陳潔如回憶錄》[14]稱，二人於一九二一年十二月五日，在上海永安大樓大東旅館結婚，但是，根據蔣日記，當日蔣在溪口，不在上海，且蔣母於當年六月十四日去世，十一月二十三日下葬，似乎不可能在母逝世不到半年，下葬不到半月之時就辦婚禮，蔣日記中並無與陳潔如結婚的相關記載，但一九二一年十二月十三日有這樣一段：「投宿大東旅社，璐妹迎侍。」應該就是陳回憶錄中所稱結婚的日子，但既稱「迎侍」，似乎在蔣的筆法中並不是結婚，亦未辦結婚手續。

不過從一九二二年到一九二六年之間，陳潔如確實經常出現蔣中正左右，蔣日記中也

---

14 《陳潔如回憶錄》最初約於一九六四年以口述方式用英文定稿，蔣日記在一九六四年三月五日記：「關於某有出書勒索之消息，彼（經國）本已知悉，但其不願使我分心，故未敢明告，今聞其詳報始末後，乃以釋然矣。」一九九〇年在美國胡佛檔案館裡發現了這部回憶錄的英文打字稿，經翻譯後由傳記文學社於一九九二年出版中文全譯本，全書約有二十一萬字，楊天石曾著文證明，《陳潔如回憶錄》中引用的許多文獻、信函，均為執筆者偽作；若與蔣日記對照，亦有大量錯誤。

常吐露對於她的思念。陳炯明兵變後，蔣中正於一九二二年八月陪孫中山到上海，和陳潔如見面機會頗多，日記中常有「宿於潞妹家」，「訪潞妹三次」，「偕潞妹觀劇」，「潞妹與緯兒玩耍」，「潞妹隨侍」等記載，顯見關係親密。同年十二月十五日、十七日，蔣日記載：「晚，潔如來陪」，「晚，偕潞妹回寓」，更顯示二人已有同居之實。但是，陳潔如容不下蔣和姚冶誠繼續保持關係，經常出現爭執，一九二四年的情況已如前述，不知是否因為如此，其後有一段時間兩人似是聚少離多，由於當年的日記闕如，《愛記》中更少提到陳潔如，[15]因此無法確切統計，一九二五年一、二月蔣日記中偶而出現致函潔如，到四月出現次數增加，四月十一日記：「近日以來，潔如不來，汝為忌刻，憤恨悲痛，百感交集。」十八日，「六時前起床，往碼頭迎接潔如，未到，不勝懊喪。」至次日陳潔如自滬至粵，「六時起床，往接潔如，同回黃埔司令部。今日傷風，潔來不能免此，故終日昏沉，睡眠而已。」從四月到八月兩人過往甚密，但一直有衝突存在，兩人時愛時憎，亦愛亦憎。四月二十日「六時前起床，探測潔如心理，與其在滬行動。上午在校辦公，往司令部與潔如玩惱。下午假眠一小時後，辦公。嘉倫、仲愷、湘芹、協之諸同志來談。五時

15 許秀孟，〈《愛記》中的蔣中正：人際與感情〉，指出：「從經過編排的日記類抄中，可讀出《愛記》有意塑造蔣中正較為正面的形象，如出現在日記上對人物的謾罵指責，以及其早年紛亂的感情關係，這些在《愛記》中都已不復見。」

後回司令部，與潔如玩惱。」四月三十日：「下午游兩湖，登關岳廟……，與潔如在途中生氣。此事終不能忘，幾發神經病矣。」五月五日：「近日與潔如不睦」，五月七日記：「晚散步於西湖之畔，天朗氣清，月明星稀，潔如同遊，聊以解愁，惟憂未能久樂於此，且恐心志日墮耳。」五月二十三日：「昨夜又與潔如纏擾，英雄氣短，自古皆然也。」五月二十五日：「又與潔如賭氣，不能安眠。」五月二十八日「昨夜十一時後上船，睡至三時，浪入嘴口，被服全濕，以此為潔如之物，不勝牽念。」六月五日：「忿怒太多，疑心太重，終不放心潔如在滬，恨之又愛之也，憐之又痛之也。奈何？」六月七日：「潔如事，只有置之度外，萬事不可看得太真，故今日鬱悶較感輕於昨日也。假作真時真亦假，無為有處有總無。」六月十五日：「又為潔如事，猶豫不能決。特令緯國母子來粵。」六月十六日：「為潔如事，呆思許久。男女關係，令人之不能解決如此，誠不知其所為也。」六月二十三日：「今日暴戾過甚。聞潔如須月杪方到，心更著悶也。」六月二十六日「今日恐潔如在港不能來省，思慮半日，望如雲霓也。」六月二十八日：「想起潔如前事，痛恨不堪，幾乎暈倒。」八月一日「又與潔如糾葛，不勝憤悶。」八月十五日：「近日性質燥急，怪僻已極。潔如耐性侍奉，毫無嫌惡之心，亦可恕其過去之事矣。」八月十八日：「十二時回寓。見什物布排不好，大斥潔如，氣煞半天。」反覆之間，可以看出兩人的關係似以情慾為主，缺少正常婚姻的感覺。一九二六年的日記中陳潔如出現不多，偶有兩人出遊或共處的記錄，如一月五日「遊白雲山」，二月十八日「觀烈士平岡墓基」，二月二十七日「乘車環遊市街」，三月三十一日「靜兄、潔弟來虎門訪問，詳敘政局」，四月十二日、十九日「與潔弟談天」，平淡中反倒見真情。但之後「潔如」兩字在蔣日記中突然消失了近兩個月，當六月再出現時兩人之間似乎又衝突再現，六月十一日「忿恨惱怒，使潔如難堪，甚悔也。」六月二十日「潔如不知治家之道，完全如一小孩，時不如意也。」七月十日「今日見潔如治家無方，毫無教育。」七月十三日「潔如〇〇驕矜，豈余有不德乎？」七月三十日，「七時後起床，以潔如無了，心甚懊悶，致函規之讀書治家。」兩人關係的改變似乎呼之欲出，因為這段時間蔣與宋子文時相往還，而蔣中正生命中的真命夫人宋美齡也正式登場，一九二六年五月起蔣日記中開始出現宋美齡的倩影，魚雁往返，終日思念不置，幾乎每日出現的「叛逆未滅，列強未平，何以家為？」字句，更道盡了蔣此時的心境，蔣是否因此而嫌棄陳潔如，從日記中並未明說，但接下來有四個月未出現對陳的記載，直到同年十一月十二日，「接潔如函知其租七十二元大屋，不甚憤恨。招搖敗名，年少婦女，不得放縱也。」可以看出蔣陳的同居關係至此似乎已結束，但生活費用應當是由蔣所支付，其後只在十一月二十一日有「潔如晚到南昌，住署西洋房，余入室。」一段紀錄，從此陳潔如未再在蔣日記中出現。依照《陳潔如回憶錄》的說法，一九二七年，蔣決定與宋美齡結婚，即向陳潔如提出，要求她出國留學，八月十九日，陳潔如偕張靜江的兩個女兒蕊英、倩英自上海啟程，赴美留學。陳潔如此去，斬斷了和蔣的關係，而蔣中正與宋美齡的夫妻之路也從此展開。

第三章　戀愛　婚姻　愛戀

以往許多人都認為蔣中正與宋美齡的婚姻是政治婚姻，彼此因利益而結合，但從蔣中正的日記來看，他倆的婚姻稱得上是戀愛的結合，而終其四十八年（一九二七年結婚至一九七五年蔣去世）的婚姻生活中，兩人愛戀至深，共享相依之樂，共嘗思念之苦，繾綣之情，可說是愈老彌堅，愈醇愈香。

魚雁往返寄述衷情

蔣日記中出現與宋美齡的交往是從一九二七年三月開始的，三月三十一日日記：「今日思念美妹不已。」雖未見其他前後文，但可推斷出此時已開始了兩人的戀愛過程。由於北伐軍事倥傯，此時蔣正陷於「軍事難，財政亦難，政治更難，黨務尤難」[1]的困境，兩人見面機會不多，因此蔣展開對宋美齡的「情書攻勢」，從蔣日記中看來，從五月到婚

1　蔣中正日記，一九二七年三月三十日。

前，日記文字中多次出現「致梅林電」、「贈梅弟相」、「覆三弟電」、「寫三弟信」、「發梅函」、「譯三弟電」、「發三妹電」，有趣的是各種不同的稱謂，如非清楚其間關係，還真猜不出函電的對象為誰呢！還有值得一提的是「譯電」，筆者印象非常深刻，民國七十年時秦孝儀擔任中國國民黨黨史委員會主任委員，邀請學者到陽明書屋參觀當時典藏在陽明書屋的《大溪檔案》，看到其中〈家書〉的部份，秦先生抽出了一件滿是電碼的電報稿，笑著說：「這是蔣公和夫人之間常玩的遊戲，他們有自己的譯電碼，有時就用電碼來寫，傳譯之間也是一種樂趣。」

「情書攻勢」中頗值得玩味的是一九二七年八月十三日，蔣發表辭國民革命軍總司令職務宣言，第二天回到故鄉奉化，十五日[2]蔣向宋美齡發出一封長信：

余今無意政治活動，惟念生平傾慕之人，厥惟女士。前在粵時，曾使人向令兄姊處示意，均未得要領。當時或因政治關係，故余今退而為山野之人矣。舉世所棄，萬念灰絕。曩日之百戰疆場，叱吒自喜，迄今思之，所謂功業宛如幻夢。獨對於女士才華容德，戀戀終不能忘。但不知此舉世所棄之下野武人，女士視之，謂如何耳！

---

2 蔣中正日記，一九二七年三月三十日。當日日記中謂：「復梅林、敬之各電。此次引退，比較心和氣平，毫無怨恨，即被白崇禧加以詞迫，亦不以為意，以心地光明良知無疚也。」

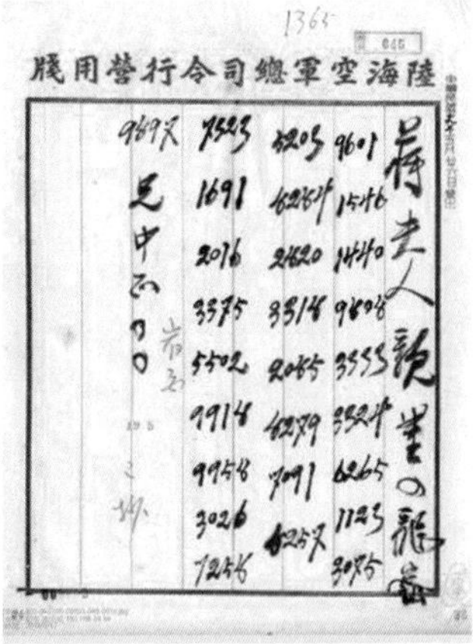

一九三〇年五月二十六日，蔣中正致宋美齡電（檔號002-040100-00001-045）

一般被稱為求婚信，不過，從蔣日記中看起來，似乎並未接到回覆，而且接下來將近一個月都沒有記載兩人間的互動，不知道究竟宋是如何回覆的？從可得的資料中看來宋美齡回覆蔣中正的函電相較之下要比蔣給她的少多了，每次蔣得到宋的覆信就樂不可支，例如當年十月十日蔣陰曆生日，宋電賀生辰，蔣即記：「今為余誕辰，三妹電賀，心尤不安。」這與戀愛中男子多屬主動出擊的傳統似乎也可以得到印證。可惜這一階段蔣宋的來往信電多未留存於《蔣檔》中，在檔案中僅得其中一件蔣給宋子文的函件，文中提到宋美齡。

蔣在婚前半年中的日記裡充滿了與宋美齡碰面時的歡悅，分別時的思念，獨處時的焦慮，去信未得覆時的惶然，躍然紙上。一九二七年五月十八日「七時車抵上海，即訪梅林與庸之兄」，五月二十八日「終日想念梅林不置也。」五月三十日

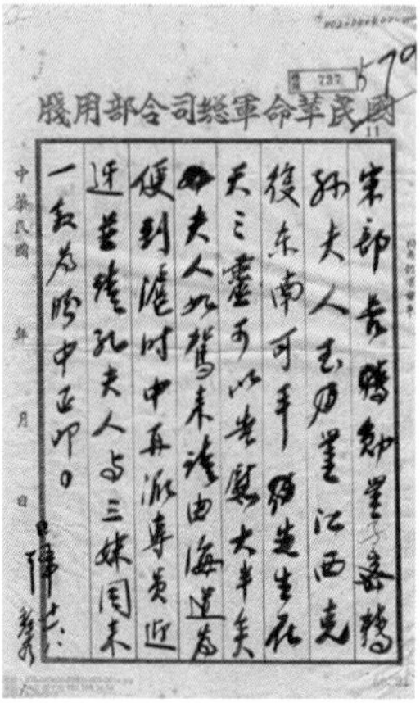

一九二七年十一月八日，蔣中正致宋子文函（檔號 002-040400-00001-001）

「終日想念梅林」，六月十一日「三時到申，往訪三弟。」次日「與三弟談至午夜，登車。」五月十八日「今日表停，未知三弟安否，甚念。」七月一日「美齡將回滬，心甚依依。」七月三日「晚同三弟等，宴於鄉下小餐館，別有風味也。」七月五日「晚宴上海商界後，與三弟乘游，一時回寓睡。」七月六日「下午訪三弟及會各友後，再訪三弟。」這種如同洗三溫暖的心情，真是如同戀愛中的青少年，常使人忘了蔣中正當時已是年將四十，叱吒風雲的北伐軍總司令。但事實上當時不唯北伐軍事情況旦夕多變，國共黨爭也是風雲詭譎，蔣日記中一再以「沉機觀變，謹言慎行，懲忿窒慾，務實求真」自我要求，又不斷以「叛逆未除，列強未平，何以家為」自我期許，也可以看出蔣在公務與愛情之間的自我克制。

閃電訂婚人生最樂

在蔣一九二七年八月辭國民革命軍總司令職務，返回奉化故鄉後，曾多方思考出洋考察以迴避政局，以日記看來，九月十六日已有了全盤的計畫：「此次出洋，預定以一年為准，其目的以考察軍事兵器、社會經濟、政治組織與延訪人才，觀察外交為主，以學習經濟、政治、社會、哲學、軍事五科為本，在日本學軍事與經濟，在德國學哲學、經濟與軍事，在法國學政治與軍事，在英國學政治與經濟、海軍，在美國學哲學與經濟，在意國學政治，在土國學革命。」九月二十一日尚有「此時則我斷無復出之意，欲誠反疑，不如遠之，速離國也」的決心，九月二十二日赴滬途中亦有「船中與岳軍商議出洋計畫，與隨員人名及在滬工作人員，政治托黃李，黨務托陳吳丁邵，軍事托朱張何，宣傳托陳潘邵周，同學會托吳王張何諸同志」的安排，但九月二十三日到上海後，卻有了變數。《愛記》此日載：「到上海，晤陳調元、楊樹莊，與馮玉祥、閻錫山代表，皆依依不忍舍，曰：『各同志多欲余復出，不離國，其意可感也！』晚，與宋美齡女士密談，曰：『情緒綿綿，相憐相愛，惟此稍得人生之樂也。』公近數月來，常與宋女士函電往來，情好日臻。」從公、私兩方為這轉變吐露了一些端倪。

九月二十四日蔣日記吐露：「邀儒堂為我倆作伐。」「作伐」語出《詩經・豳風・伐柯》：「伐柯如何？匪斧不克。取妻如何？匪媒不得」，因引為作媒之意。儒堂是王正廷的字，但據九月二十七日的日記：「同訪王儒堂、馮煥章夫人，謝其為介紹人」，則蔣中正與宋美齡訂婚的媒人應為王正廷與李德全兩人。九月二十六日的日記字數不多，但看出蔣十分忙碌：「預定事程，復同學會書，約陳、俞、徐談天。會加倫，訪香凝，晤展堂，收支票，組織團體，改正啟事，招知同行之人。上午擬啟事稿，會客。下午往訪緯國與廖夫人、三弟後，嘉倫來會，談二小時。晚與三弟談往事。人生之樂以訂婚之時為最也。十一時睡。」其中的「啟事」，登在上海《申報》，主要目的在於說明與毛福梅、姚冶誠、陳潔如已無婚姻關係。一天的忙碌應酬，到了晚上才能與宋「談往事」，享受兩個人的甜蜜空間，「人生之樂以訂婚之時為最也」，短短一語道出此日為兩人訂婚之日，繾綣多情自在其中。

訂婚之後兩人其實只有一天的相聚，二十七日「下午與三弟在孔寓合影，同訪王儒堂、馮煥章夫人，謝其為介紹人，後回寓，與石曾、敬之、逸民諸友談天，往訪靜兄後，宴加君畢，與三弟密談至一時回寓。」「密談」的內容為何在日記中無法知悉，二十八日蔣即啟行往日本，此日的日記洩露了蔣宋之間「愛戀之情」頗深，「六時起床，整裝往別三弟，情緒綿綿，何忍舍諸？不惟外人不知三弟之性情，即中亦於此方知也。」或許正由於個中滋味，讓蔣不唯當晚在船上即「致三弟兩電，不知其今夜早能安眠否？」在接下來的幾日中，更戀戀不能自拔，「心目中但有三妹，別無所思矣。」[3]二十九日抵日本，蔣此行雖可說仍有出洋迴避的效果，但主要的目的是往見在日本有馬溫泉休養的宋母倪桂珍，向其稟報兩人訂婚之事，並請其允婚。

赴日見岳母歸國籌婚禮

十月三日蔣到神戶，「與子文同車到有馬溫泉，拜訪宋太夫人，其病已癒，大半婚事亦蒙其面允，惟其不欲三弟來此，恐留此結婚也。不勝悵惘，乃致電三弟，屬其速來，詳述余所以一時不能回國之實情，彼當來乎！下午三謁太夫人，視其甚快愉，雙眼盯看，未免令新婿為難。」其中「三謁」一詞頗值得推敲，但沒有有關第二次見面的資料。蔣是否原來打算在日本結婚，甚至婚後與宋美齡結伴赴美，遂其「出洋考察」的目的，無法確知，但是，宋母不贊成，蔣仍致電宋請其速來，可以看出蔣的急切與堅持。次日下午，蔣收到宋美齡不來日的回電，「不勝悵惘」[4]，接下來的一段日子，蔣便留在日本看報讀書、遊歷參觀，與宋美齡電報往來，互通音訊，同時陪宋母談天，與宋子文談國事，談時局。十月八日，倪桂珍回國，蔣到神戶送行，此後蔣的日記中就開始對繼續出洋一事猶疑

3 蔣中正日記，一九二七年十月一日。
4 蔣中正日記，一九二七年十月四日。

不定，「昔以為辭職以後即可置身事外，專心修養，孰知無職思政，有志莫伸，更覺苦痛也。」[5]「家國如此衰落，而我獨在外逍遙，甚不自安，待機不如奮鬥也。」[6]他一方面陸續會見日本友人與政要，遊歷日本各項建設與景點，一方面也不斷關心國內的變化，保持與國內的聯繫，並隨時與同行的張岳軍等人商談國事。由於國民黨內部派系紛爭，無法調和，閻錫山、馮玉祥等人紛紛要求蔣回國，蔣最終改變計劃，於十一月十日回到上海。

蔣一到上海，「聞三妹有病，即往訪，形容枯瘦，其實操心過度，不勝悲憂。」當晚「晚餐後與三妹敘談，悲喜交集。」道盡了兩人相思之苦。這段時間蔣日記每天都出現「晚與三妹談天」、「晚與三妹歡敘」、「晚陪三妹談話」，不過談的再晚，蔣仍必須回到自己的寓所，如日記所載：「十二時後回寓，無家之人，不勝感慨。」[7]這才是真正的禮節，與陳潔如的「迎侍」、「來伴」、「隨侍」是完全不同的，這固然是宋家的規矩擺在那兒，但也可以看出蔣中正對宋美齡的尊重與愛護。

從十一月十日回國到蔣宋十二月一日的婚禮，中間只有二十天的時間，蔣在會見諸黨政人員，討論黨務時局之外，大部份的時間都放在陪伴宋家親屬和籌備婚禮上，《愛

---

5 蔣中正日記，一九二七年十月八日。
6 蔣中正日記，一九二七年十月十日。
7 蔣中正日記，一九二七年十一月十日。

記》形容：「連日相宅治具，籌備婚事。十四日，陪宋太夫人、宋女士，訪孔夫人宋靄齡女士，又祭掃宋太公之墓。二十六日，與宋女士同至祁齊路新屋布置。二十八日，同訪蔡元培，請為證婚人。二十九日，同往大華飯店習禮。三十日，又同習禮於宋宅。」但《愛記》中沒有提到的是蔣中正十一月二十七日在上海《申報》刊登的一份結婚《啟事》：

> 中正奔走革命，頻年馳驅戎馬，未遑家室之私，現擬辭職息肩，惟革命未成，責任猶在。袍澤飢寒轉戰，民眾流離失所，詎能恝然忘懷。尤念百戰傷殘之健兒，彌愧憂樂與共之古訓。茲定十二月一日在上海與宋女士結婚，爰擬撙節婚禮費用及宴請朋友筵資，發起廢兵院，以完中正昔日在軍之私願，宋女士亦同此意。如親友同志厚愛不棄，欲為中正與宋女士結婚留一紀念，即請移節盛儀，玉成此舉，無任銘感。凡賜珍儀，敬謹璧謝。婚儀簡單，不再柬請。忒布區區，惟希公鑒。

據《申報》後續對婚禮的報導中提到，「禮物無不昂貴」，「收款員竟無片刻暇晷」，其中，如張靜江送四百元、上海萬國儲蓄會中方董事葉琢堂、四明銀行總經理孫衡甫等各送二百元、中央銀行行長周佩箴等各送一百元。「可見眾人對『廢兵院』建議的支持。」可以看出蔣這一《啟事》是有相當作用的。

另外，《愛記》在十二月一日記：「今日公與宋美齡女士舉行結婚嘉禮。晨起，撰結婚感錄一文，又撰勗愛妻一文。」楊天石教授在〈蔣中正日記解讀：苦追宋美齡始末〉一文中謂：「十一月三十日上午，蔣中正忙裡偷暇，撰寫結婚感想，題為〈我們的今日〉。……十二月一日上午，蔣中正寫了一篇〈勗愛妻〉文。」看來似有兩篇文章，但事實上可見的只有名為〈我們的今日〉一文被流傳，細看蔣日記，可以看到十一月三十日僅有「上午擬撰文感錄結婚情狀」一語，十二月一日則記：「上午寫信，撰勗愛妻文」，或可確認其實擬撰結婚感錄、撰勗愛妻文皆是同一文，也就是可見的〈我們的今日〉一文，雖然文章較長，但頗值得一讀，更可以對蔣宋婚姻做一極佳的詮釋，故將全文[8]錄於後：

余今日得與余最敬最愛之宋美齡女士結婚，實為余有生以來最光榮之一日，自亦為余有生以來最愉快之一日。余奔走革命以來，常於積極進行之中，忽萌消極退隱之念，昔日前輩領袖常問余，汝何日始能專心致志於革命，其他厚愛余之同志，亦常討論如何而能使中正安心盡革命之責任。凡此疑問本易解答，惟當時不能明言，至今日乃有圓滿之答案。余確信余自今日與宋女士結婚以後，余之革命工作必

8 蔣中正，〈我們的今日〉，上海《申報》，一九二七年十二月一日。

有進步，余能安心盡革命之責任，即自今日始也。

余平時研究人生哲學及社會問題，深信人生無完滿之婚姻，則做人一切皆無意義；社會無安樂之家庭，則民族根本無從進步，為革命事業者，若不注意社會之改革，必非真正之革命，則革命必不能徹底。

家庭為社會之基礎，故改造中國之社會，應先改造中國之家庭，余與宋女士討論中國革命問題，對於此點實有同一之信心。余二人此次結婚，倘能於舊社會有若何之影響，新社會有若何之貢獻，實所大願。余二人今日不僅自慶個人婚姻之美滿，但願促進中國社會之改造，余必本此志願努力不懈，務完成中國之革命而後已。

故余二人今日之結婚，實為建築余二人革命事業之基礎，余第一次遇見宋女士時，即發生此為余理想之中佳偶之感想，而宋女士亦嘗矢言，非得蔣某為夫寧肯終身不嫁。余二人神聖之結合實非尋常可比。

今日之今日，誠足使余二人欣喜莫名，認為畢生最有價值之紀念日，故親友之祝賀，亦敬多而不辭也。

平生未有之愛情

蔣宋的婚禮，受到媒體的密切注意，全程報導，所以記敘十分清楚，配合蔣日記，可

一九二七年十二月一日，蔣宋結婚照

以描繪出整個婚禮的過程。十二月一日下午一時，蔣中正先到孔祥熙宅換禮服，三時到宋宅，行「教會婚禮」，到者一千餘人。婚禮由中華全國基督教協進會會長余日章為祝婚人，劉紀文任儐相。首由祝婚人致詞，次由新人宣誓，交換戒指，再由證婚人致詞。這是宋家對於這一婚禮的重視，也可以視作是家族的婚禮，蔣此時尚不是基督徒，卻接受了教會婚禮，這點已顯露出日後蔣與宋家關係密切的端倪。

家庭儀式結束後，再到上海大華飯店所設置的禮堂，行「正式婚禮」。由兩人的兄長蔣錫侯、宋子文分別代表男女兩家主婚，蔡元培、譚延闓、王正廷、何香凝、李德全等證婚，邵力子司儀。宋美齡由宋子文挽著，在琴聲中慢步走出。全體向國旗、黨旗、總理遺像三鞠躬。由蔡元培宣讀證書，新人彼此一鞠躬，儀式即行結束。對於這一段婚禮，蔣感受至深，如他在日記中記下當時的心境：「見余愛姍姍而出，如雲霞飄落。平生未有之愛情，於此一時間並現，不知余身置何處矣！」既可看到蔣的浪漫愛戀，亦可佐證蔣宋這段婚姻確實是戀愛的果實。

婚禮完成後，蔣日記中記著「禮成後同乘車遊行」，不知道這是否是當時上海的婚禮習俗，亦或是如同以後蔣宋生活中經常進行的「車遊」，只是坐著車兜風？當晚，至宋宅宴會。九時，回新宅，入新房。次日，蔣在日記中記下：「今日在家與愛妻並坐擁談，乃知新婚之蜜，非任何事所可比擬。」只羨鴛鴦不羨仙的恩愛，正可以見證這樁戀愛婚姻的締結。

相見時難別亦難

有人形容：傳統的婚姻像用慢火煮水，愈搗愈熱；新式的婚姻像是滾水離火，愈放愈涼。一時的戀愛固然轟轟烈烈，長久的愛戀才更平凡雋永，一個「搗」字、一個「放」字，道盡其中的奧妙。從蔣的日記中，可以看到他在新婚之時所湧現「生平未有之愛情」，一直瀰漫在兩人的婚姻中，並不是說兩人的婚姻中沒有爭執，沒有衝突，但每一次的爭執與衝突，都讓兩人有更深的認識與契合，也讓兩人的婚姻充滿了戀愛的火花，與愛戀的甜蜜。

蔣在結婚三周年時曾在日記中留下這麼一段話：「自我有智識以來，凡欲出門之時，必戀戀不肯捨棄我母。到十六歲時，必待我母嚴責痛擊而後出門。及至二十餘歲猶如此也。此天性使然，不能遂改。近三年來，凡欲出門時，此心沉悶、慘澹慘惱，必不願與妻樂別者，豈少年戀母之性猶未脫耶，余誠不知其所以然也。」蔣的個性中，似乎確實有強烈的戀母之性，在婚後三年中，表現的淋漓盡致，最明顯的就是「必不願與妻樂別者」。由於婚後不久蔣就回復了東征西討的軍旅生涯，從一九二八年的北伐，到一九二九、三〇年的中原大戰，幾乎可以說是席不暇暖，當然與宋美齡聚少離多。一九二八年二月《愛記》：「十九日，自徐州回南京，病感冒未癒，思夫人在上海不來，曰：『心甚不悅。』二十日，與夫人通電話，夫人謂『尚未能來』，公終日憂悶！至晚，得夫人來寧消息，曰：『心稍懌。』二十一日，夫人到，曰：『病中為之一慰！』遂同往湯山，曰：『今日終日休息，與三妹笑談，此數年來所難得之機也。』」一暖一寒之間真是妙絕。五月十六日：「晨四時醒，不復能睡，五時前，聞夫人已到徐州車站，乃起牀往迎，曰：『四十六日未得相見，今日團聚，樂何如哉！』」「四十六日未得相見」，代表了蔣的日日思念，這段時間蔣日記中時有：「嗚呼！征人無家庭之樂，苦矣！」[9]「孤人在室，不勝寂寞，心殊鬱結也！」[10]之嘆，難免讓人有英雄氣短的感覺！這樣的蔣中正，似乎讓自由自在慣了，尚未習慣嫁夫隨夫的宋美齡也有不勝束縛的無奈，「彼甚以不自由為病，復勸余以進

9 蔣中正日記，一九二八年三月三十一日。

10 蔣中正日記，一九二八年七月二十五日。

德。」[11]兩人為此常有爭執，宋常以滯留上海娘家為對策，蔣每每感嘆：「余孑然回京，誰愛誰惜誰知余？」[12]「今夕是除夕，今日是除日，一生煩惱事，無時得終息，思家兼思妻，我為我母心。」[13]所幸，兩人對於這些爭執與兩難，終能以理性與互諒的態度面對溝通，「與三妹相談甚樂，其規諫有理，故感之。決自明日起，按時辦事，再不灰心墮氣，其戒我、嫌我以懊悔，非丈夫氣概，亦有理也。」[14]「妻勗我以國事為重，家事為輕，見我精神貫注於前方無遺，其意甚喜；但力促我急進，又依戀出於天性；愛之以德，又摯於情，吾惟於吾妻一人見之。」[15]走過這一段「相見時難別亦難」的磨合期，其後兩人雖然也常有分離，但思念者多，抱怨者少，彼此的體貼關懷時時可見，例如一九三六年五月宋美齡以「開割內症」在滬休養，蔣赴滬探望，「下午到滬看妻病，其開割內症，始終不忍電我，今見乃知其症之危也。幸獲上天保佑，俾我夫妻得以相見，不勝感謝。」[16]七日蔣一紙愛箋，邀宋乘艦遊覽，解愁養心，尤見浪漫！

---

11 蔣中正日記，一九二七年十二月二十九日。
12 蔣中正日記，一九二九年一月二十八日。
13 蔣中正日記，一九二九年一月二十八日。
14 蔣中正日記，一九二八年六月十九日。
15 蔣中正日記，一九三一年九月一日。
16 蔣中正日記，一九三六年五月六日。

思念總在分手後開始

在蔣的日記中，只要宋美齡不在身邊，總會出現許多思念的文字，新婚燕爾時的「必不願與妻樂別者」已如前述，之後或因軍事倥傯，兩人聚少離多，蔣每感嘆「征人無家庭之樂」[17]；或因宋赴美赴港，蔣獨守空窗「心甚抑鬱」[18]，字裡行間充滿了款款深情。

一九三一年一月十一日：「吾妻明日將往上海，彼此依依，甚不願捨，夫妻日久，更相信愛矣。」一九三二年三月蔣擔任軍事委員會委員長，內有派系之爭，外有與日滬案交涉，無法離開南京，二十二日至二十六日宋美齡至上海小住，蔣二十二日送妻登機，方回住處陵園小築，就感歎：「寂寞殊甚，極想愛妻

17 蔣中正日記，一九二八年三月三十一日。

18 蔣中正日記，一九四二年十一月二日。

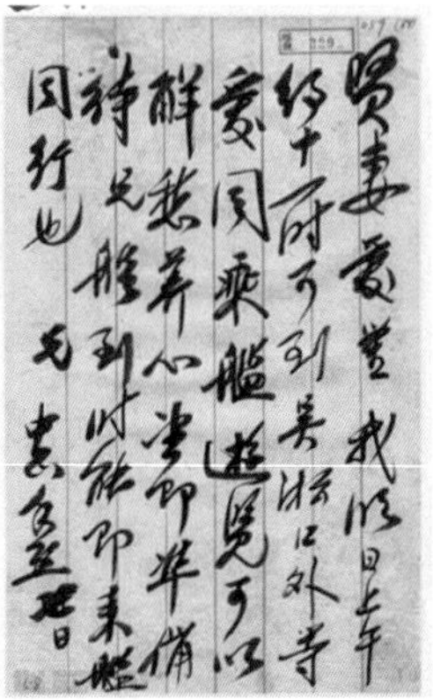

一九三六年五月七日，蔣中正致宋美齡函（檔號002-040100-00004-057）

飛回也。」次日精神萎靡，「時思愛妻，望其速回。」至二十六日宋回到南京才解顏。一九三五年九月間，蔣日日周旋於「粵局」、「川局」、「匪情」、「倭情」中，十二日在峨嵋，「獨處於風雨飄搖新開寺孤蓬之中」，「屢思妻兒，頻歎寂寞何為耶！」[19]次日獨自出遊，《愛記》謂：「以夫人不在，甚感寂寞，曰：『孤行獨游，殊無意味，秋節氣候，寒冷侵人，更覺秋已深矣！』」一九四〇年二月宋美齡飛港休養，蔣「送夫人到珊瑚壩機場，扶登飛機」[20]，次日日記謂：「昨晚失眠，甚恐妻飛香港失事，今晨得其安到香港之報，乃安也。」蔣雖是軍人，內心卻極纖細，此類牽腸掛肚的文字寫來頗為深刻。

蔣對宋的牽掛思念可謂數十年如一日，有幾次宋美齡長期出國，蔣在送別前後的依依不捨，更見真情。一九四二年秋，宋美齡身體一直不好，懷疑有癌症，決定飛美就醫，早為割治。十一月二日蔣自記：「今日為妻將赴美，此心甚抑鬱，不知此生尚能有幾年同住耶？惟默祝上帝保佑而已。」十七日：「本日夫妻尤依依，甚以明日將別為憂。」十八日送至九龍坡機場，同上機，復送至新津大機場登機，「見其機大，乘坐必平穩，此心少安。別時，妻不忍正目仰視，別後更覺黯然消魂，心甚悲愴。」十九日作惜別詩：「平時不覺夫妻樂，相別方知愛情長，別後更覺吾妻愛，惆悵不寐苦夫腸。」二十一日日記謂：

19 蔣中正日記，一九三五年九月十二日。

20 蔣中正日記，一九四〇年二月十二日。

「妻於十八日赴美，臨別悽愴，兒女情長，今又獲一次經歷也。」二十二日：「妻起飛已五日，尚無電告，甚念！但無惡消息，乃知其必無恙也。」二十八日：「妻於二十六日平安飛到美國，並據醫者檢查，決無癌症，此心甚慰。」三十日：「妻到美後，羅總統派其心腹霍浦金斯招待，並派其妻翌日特到醫院訪問，殷勤倍至，余甚望吾妻不虛此行，祝其必成功也。」此行正是宋美齡在白宮及美國各地演講，造成宋美齡旋風的初期，但對蔣而言，憂心更甚於期待。

一九五二年宋美齡又發風疹症，夏秋之季尤烈，服用新藥又生副作用，決定再赴美養病，八月八日：「以妻明日將往檀香山養病，夫妻依依不捨也。」九日：「送其上機後，回寓途中及終日禱其平安飛抵目的地也，寂寞非常。」十日謂：「甚以妻之行途中安全及其可到達之地點，時時繫念也，並以經兒由菲回臺途中不遇颱風為禱。」十八日「接妻信、物。聚餐後，回澄清樓休息，想念妻回甚切也。」此行宋在美待到次年三月才返國，蔣日記中時做思念之語，尤其是農曆過年，「以妻未在家，甚覺寂寞。」[21]與一九四二年的心境相比，如出一轍。三月二十五日宋返國，但不到一年病情又起，一九五四年一月反省錄中記有：「妻肝病一月有餘，至今尚未好轉，其病實起於去年十一月招待外賓一切準

21 蔣中正日記，一九五三年二月十四日。

備之操心，又學畫國畫不肯休息之所致也。」三月十九日：「妻病昨夜復發，至今為甚，苦痛已極，憂悶無已。」再加上皮膚病，更是痛苦不堪，四月十七日上星期反省錄：「本周妻病更劇，尤以周末為甚，幾乎晝夜皆不能安眠，百藥用盡皆已失效，奈何。」乃決定再次赴美，二十六日：「晡與妻車遊山上一匝，妻將於後日飛美，依依不捨之情，老而彌篤也。」二十八日宋飛美，二十九日蔣的日記很有意思，先是感慨：「思念夫人不已，有時似為其出國已久時，忽想到其明日方到達舊金山目的地，而昨日纔離此也。乃知古人一日不見如隔三秋矣之文義，並非為形容詞耳。」繼之敘述了一段小趣事：「武、勇二孫來陪，勇孫報告其今日對幼稚園老師告假，稱其下午不能來校，因須侍陪祖父，師問其何故，勇稱因祖母往美就醫，祖父在家寂寞之故，師乃允之云。余教其祖母飛美，未到目的地，當守祕密，你將家中祕密洩露了，以後家中事不可對外人說明為要，彼已能了悟其錯矣。」念妻教孫，此時的蔣看起來像不像一個平日生活中常見的老「太空人」？

一九六五年八月至十月，宋美齡思為中美外交前途赴美作「最後一次之努力」，八月二十日：「本日以夫人將行，心緒沉悶，而以美國對我態度與實際如何為念，尤以外交人員幼稚為慮耳。」二十一日「下午與妻視察慈湖途中，談我反攻與對美政策及其進行之方針，敘別依依、互道保重，夫人尤以余之安全與康健之處理無微不至為慼。」二十三日「昨（廿二）日三時醒後，不能成寢，五時起床，朝課夫妻同作禱告如常。夫人今午即將赴美為反攻復國與爭取軍援問題而毅然負起此一重任，而作此行。當其臨行之際，彼稱為國、為家、為丈夫，乃作此最後一次之努力，至於成敗利鈍，非所計也。惟此最不安心者，乃為其離此以後，對余之安全與健康而已。十一時半，送妻上機後，乃與勇孫同回後草廬，心中只感寂寞而已。」宋行後，蔣更是「時念妻之飛機已到何處為算而已。」二十五日上星期反省錄：「廿二日夫人飛美為反攻復國運動而作國民外交，老年夫妻依依之情，更勝言喻。」此後的日記多次記載宋在美行止及對宋的思念，一直到十月二十七日「下午三時，夫人回國，接於機場返蒔林。」二十九日上星期反省錄又記：「夫人回國為慰。」從臨行的依依不捨，分別的重重思念，到歸來的輕輕一句「夫人回國為慰」，更可以體會到老來夫妻的牽掛之情，真正是「思念總在分手後開始」。

第四章　知己之愛與同志之愛

如果說一九二七到一九三〇年這三年之間是蔣、宋婚姻的磨合期，爭的是個人的情緒、兩人間的情愛，那麼蔣中正與宋美齡到什麼時候有超越個人愛情的革命感情產生？甚至有死生契闊、同生共死的認知呢？在蔣日記看來，一九三一年的九月似乎是一個重要的關鍵。從這時候開始，宋美齡真正走進了蔣的生命之中，從一個依戀的新婚妻子，成為生死與共的革命同志，進而成為相依相恃的終身伴侶。

我現在要出征有伊人要同行

一九三一年，民國二十年，九月十八日九一八事變，此時正值粵變，蔣深感「內亂不止，叛逆毫無悔禍之心，國民亦無愛國之心，社會無組織，政府不健全」，日本「欲乘粵逆叛變之時，內部分裂而侵略東省矣。」[1]而黨國內部失和，不乏逼蔣下野負責之聲，

---

1 蔣中正日記，一九三一年九月十九日。

如此內憂外患之際，蔣顯然需要一個心靈上的支持，然而九月二十七日蔣日記記著：「國難家憂，危急情形，莫過於此也。上午以一言不合，妻即不別而自赴上海，使余更加一層苦痛。」宋美齡這一不別而去，也許只是個人情緒的發露，但蔣卻有深一層的感念：「危難之際，我所應當，故不願無責者共生死，亦不忍妻子共患難，故抱定必死獨當之心，無愧為人子而已。」看起來頗有「夫妻本是同林鳥，大難來時各東西」的感慨，當時蔣甚至寫下了遺囑：「持其復仇之志，毋暴雪恥之氣，兄弟鬩牆外侮其禦，願我同胞，團結一致，在中國國民黨領導指揮之下，堅忍刻苦，生聚教訓，嚴守秩序，服從紀律，期於十年之內，湔雪今日無上之恥辱，完成國民革命之大業。蔣中正遺囑。」[2]也許在國難家憂之下，當時蔣真的有將婚姻就此放下的無奈。

也許是蔣的決絕震撼了宋美齡，當她得知南京中央大學學生攻擊外交部，上海學生大批入京請願，情勢極為險峻時，她不再像之前一樣在上海等待蔣來慰問道歉，而是毅然回到南京蔣中正的身邊，蔣在九月二十九日的日記中感慨：「妻回京。在此危難之中，不避艱險，來共生死，無任感激。」十月八日的蔣日記有如下記載：「與妻談為國犧牲之決心，妻亦示其共同生死之決心。」《愛記》則謂：「十月八日，與夫人談為國犧牲

---

[2] 蔣中正日記，一九三一年九月二十八日。

之決心，夫人亦表示共同生死之決心，公喜曰：『吾人既有共同決心，倭寇雖凶，無足為患。』」每次看到蔣這段日記，總會想到「我現在要出征，有伊人要同行」這首歌，不同的是宋美齡絕不是等待愛人「我若是打不死，我總會回家來看妳」的傳統女姓，因此蔣中正也不會告訴她：「妳同行絕不成。」而是兩人攜手同行，同甘共苦，從此一刻起，蔣宋的婚姻可以說走出了兩人之間的戀愛與愛戀，提升到了進一步的革命感情。

可以說，從此時起，宋美齡真正進入到蔣中正的生命之中，她不僅是蔣婚姻中的妻子、生活中的女人，更是工作上的伙伴、精神上的支柱，蔣日記中對此常有感觸。一九三五年日軍入侵華北，六月十日蔣為河北軍隊撤換與黨部撤銷，悲憤欲絕，甚至「無力舉筆覆電」，宋美齡為之下淚，蔣感慨：「嗚呼！愛國之切，愛夫之篤，吾妻誠不愧女中英豪矣！」七月二日又說：「吾妻謀國之忠，愛國之切，刺激之烈，幾難名狀！國有良妻，人心猶在，復興必成也。」一九三八年十月七日蔣日記中有一段對白：「人生以服務為目的，不是手段？吾妻以此語詢余，余曰：『然』。余見吾妻對於服務教育與婦女運動之熱心日進，不僅心慰，而使余亦更加興奮，患難中，惟此得以欣悅耳。」同年十月二十三日，「本日敵機不斷在上空偵察轟炸，而吾妻興奮快樂之精神更倍於平時，夫妻相愛之切，實我足以消愁。在苦痛憂難中惟此足以自慰。」一九三九年十月反省錄：「開戰以來余妻對傷病官兵難民難童之愛護工作，此種赤誠與熱心非任何人所能有，而於近日尤為甚，余倆之愛情，因彼此愛國之故，而更成知己之愛與同志之愛也。」「知己之愛與同志之愛」，這應當是蔣對這段婚姻最高的評價，也可以瞭解到宋美齡之於蔣，絕不是毛福梅、姚冶誠、陳潔如，或是任何女人所能比擬的。

關鍵時刻的間關赴難

在蔣的日記中，經常表示對宋的感激，無論是工作的協助、意見的提供、身體的照顧、精神的慰藉；但可以看出其中有兩件事，是蔣對宋感激最深摯的。第一是一九三六年西安事變時宋美齡親往西安，第二是一九五〇年撤守臺灣後宋美齡由美返臺。

有關西安事變的記載不少，在此處主利用《愛記》和宋美齡〈西安事變回憶錄〉，《愛記》對西安事變專成一段，內容從一九三六年十二月十四日到二十五日，文字並不多，但將蔣在其中的感觸表達得淋漓盡致，非常緊湊深刻，緣將全文摘出如下：

（西安事變）十二月十四日，張學良以端納電文謁公，公見電首「蔣夫人轉電已悉」句，淚下如雨，泣不成聲。十五日，黃仁霖謁公於張學良宅中，公乃手書致夫人，其大意，曰：「為兄決為國犧牲，望勿為余有所顧慮！余決不愧為余妻之丈夫，亦不愧為總理之信徒！余既為革命而生，自當為革命而死，必以清白之體，歸還我天地父母也！對於家事，他無所言，惟經國與緯國兩兒，既為余之子，亦即為余妻之子，務望余妻，視如己出，以慰余靈而已！但余妻切勿來陝。」二十日，宋子文謁公，公淚下，曰：「余不知淚之何來？」子文以夫人書示公，公讀至「如子文三日內不回，則妹必來陝，與兄共生死」句，咽嗚不語者再，乃以遺囑交子文，屬轉寄夫人。與子文談半小時，即催子文速出，曰：「恐久談，為張學良所疑也。」二十一日，宋子文辭別回京，公告之曰：「切屬余妻，無論如何，余不欲其來此地，務請轉達。」子文出而又返，公曰：「此時誠為生離死別，託家託妻，任何悲慘苦痛，未有甚於此者也！」又曰：「子文不忍離舍之狀，亦未有甚於此者也。」二十二日，夫人到西安，與公相見，悲痛不可名狀，公曰：「余

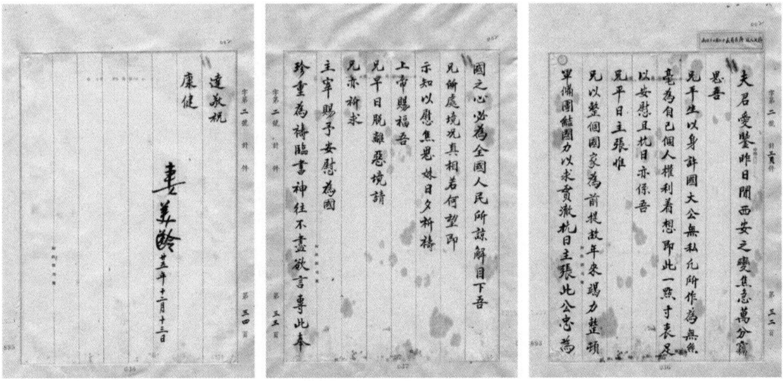
夫君愛鑒昨日聞西安之變焦急萬分竊
思吾
兄平生以身許國大公無私凡所作為無絲
毫為自己個人權利着想即此一點寸衷足
以安慰且抗日亦係吾
兄平日主張惟
兄以整個國家為前提故年來竭力整頓
軍備團結國力以求貫澈抗日主張此公忠為
國之心必為全國人民所諒解目下吾
兄所處境況其相若何望即
示知以慰焦思妹日夕祈禱
上帝賜福吾
兄早日脫離惡境請
兄亦祈求
主宰賜予安慰為國
珍重為禱臨書神往不盡欲言專此奉
達敬祝
康健
妻美齡 廿五年十二月十三日

西安事變，宋美齡致蔣中正函（檔號：002-020200-00031-002）

不料吾妻竟冒萬險而入此虎穴也！今後乃須慮妻之安危，而余本身之生死，早已置之度外矣。」公乃勸夫人勿簽字，使余違法！夫人曰：「余決不使夫君簽字或違法，夫可安心，但余來，夫有同生死之人矣。」二十三日，夫人謂公，不如總理蒙難時，有學生如吾夫者為之赴難，公曰：「夫妻共生死，豈不比師生共患難為尤難得乎？」二十四日夜，夫人導周恩來謁公，公與之握手，曰：「一別十年，未免生情。」乃告以有事可與漢卿詳談而別。二十五日，宋子文謂張學良格於楊虎城之反對，先送夫人與端納回京，夫人乃往訪張學良，曰：「如委座不離此，則余亦必不離此，余決與委座同生死，共起居也。」張學良乃允設法同飛。

這封就是「子文以夫人書示公」的宋美齡函，彷彿可以看到宋美齡擔憂而又堅強的身影躍然紙上。而宋美齡在西安事變後所寫的〈西安事變回憶錄〉，不僅將她個人在事變幾個關鍵時刻中的心態表達的淋漓盡致，也可以看出蔣宋之間的互知互信，如其初聞西安事變時：「第一念襲我心頭，余為婦人，世人必以為婦人當此境遇，必不能再作理智之探討；故余必力抑個人感情，就全局加以考量。繼余復念，此事若處理得宜，必能得合乎常情之解決，余必堅持我主張，將一切措施納諸合理軌範之中。」當中央群情激憤欲嚴懲西安時，宋力排眾議：「余雖為婦人，然余發言，絕非為營救丈夫之私意。倘委員長之死，果足為國家造福，則余必首先勸其犧牲。惟目前處置西安叛變，若遽張撻伐之師，逕施轟炸，不獨使舉國所擁戴領袖之生命，陷於危殆，即陝西數千萬無辜良民，亦重罹兵燹之災，且將使為國防而建設之國力，浪作犧牲。故為國家計，不得不籲請諸公妥覓和平解決之途徑。願諸公深信我決非朝夕縈懷於丈夫安全之婦人。今日此舉，實抑制情緒，抓緊現實，乃以公民之資格，要求以最少之犧牲，為國家與民眾解決此嚴重問題之癥結。倘余夫或余個人之犧牲可以為國家造絲毫福利者，余必不假思索，力主犧牲。今日若遽用武力，確將危及委員長之生命，而國難嚴重如今日，在余心目中，在全國民眾之想念中，委員長之安全，實與國家之生命有不可分離之聯繫，此余之所以主張必用和平方法以保證其安全也。」其將抵西安時，「余於飛機著陸前，出手槍授端納，堅請彼如遇軍隊嘩噪無法控制時，即以此殺我，萬勿遲疑。余復籌劃，面對劫持我丈夫者，應取若何態度；蓋余深知成敗契機，全在於此瞬息之間。最後決定余對彼等之態度，即使彼等行動暴戾，而余必須強為自制，勉持常態，只有動以言辭，以達余來西安營救委員長之唯一目的。」在見到蔣中正後，蔣屢言苟利國家，願以身殉，宋勸其：「此後君不應輕言殉國矣。君之責任乃在完成革命以救國，君更應寶貴君之生命。願君自慰，上帝常伴我等。余此來，分君苦厄；上帝願余死，死無悔；若願余生，亦當保此生命，與吾夫共為國家努力也。」當蔣敘述十二日晨經過情形，感情衝動，不能自持時，宋溫慰之，「出聖詩就其榻畔誦讀者有頃，始見其漸入睡鄉。」當張學良建議宋美齡先離西安，彼再協助蔣中正化裝逃離西安時，「余堅決反對，不獨委員長背傷不能受汽車長途之顛簸，且如此鬼祟行藏，亦決非委員長所願為。余曰：『委員長決不肯化裝，倘彼不能公開乘飛機離陝，余必同留此殉難，決不願離此一步也。倘彼因中央軍開始攻擊而殉國，余決不願獨生也。』」如果不是對蔣中正有絕對的瞭解與信任，如果不是兩人間「知己之愛與同志之愛」，很難想像宋能夠有如此的自信與堅定，無怪乎蔣在見到宋美齡時慨言：「余雖屢囑君千萬勿來西安，然余深感無法相阻也。今晨余讀聖經，適閱及：『耶和華今將有新作為，將令女子護衛男子』句，今君果來此。」

離亂中不棄的情愛

至於民國三十九年宋美齡由美返臺一事，知道的人可能不多，但蔣在其日記中認為「夫人回國對國家發生之影響，以在此大陸淪陷，革命絕望、國家危亡岌岌不保之際，有勢有錢者，惟恐出國逃避之無方，而夫人竟在此危急之秋，毅然返國來共患難，此種精神，不僅打消過去共匪一切污蔑之宣傳，而其意義實不亞於西安赴難也。」「其意義實不亞於西安赴難也」，從這句話可以看出這件事對於蔣的重要性。宋美齡是從一九四八年十一月赴美，對於這次赴美蔣並不贊同，但宋希望能藉此爭取美國的支持，堅持成行，十

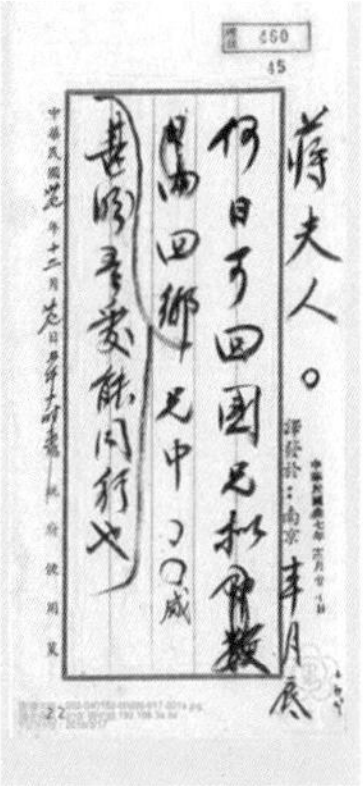

一九四八年十二月二十六日，蔣中正電宋美齡詢何日返國及盼同行回鄉電手稿（檔號：002-040100-00006-017）

一月二十五日蔣忠實的記錄下他的感覺：「據報美國政府對華態度仍未改變，且更惡劣。妻甚憂慮，乃想飛美與馬歇爾作最後之交涉。余以為決無希望，不必多此一舉，徒加恥辱。彼終以為個人榮辱事小，國家存亡事大，無論成敗如何，不能不盡人事云。余乃允之，不忍掃其興耳。」二十七日又謂：「屢想中止其飛美也，但為國家與外交計，又不能不令其行耳。」蔣的反覆與宋的堅決，除了對此行究竟有無成效有所懷疑，更加上當時國家情勢惡劣，此一去或許就是永別，「午夜醒時，妻又悲泣不置，彼稱為何國家陷入今日之悲境？……惜別淒語，感慨無窮。彼為余與國家以及宋、孔之家庭受枉被屈，實有不能言之隱痛，故其悲痛之切，乃非言詞果能表達其萬一耳。」更可見其中「依依不捨，夫妻愛情老而彌篤」的一面。[3]

3 蔣中正日記，一九四八年十一月二十七日。

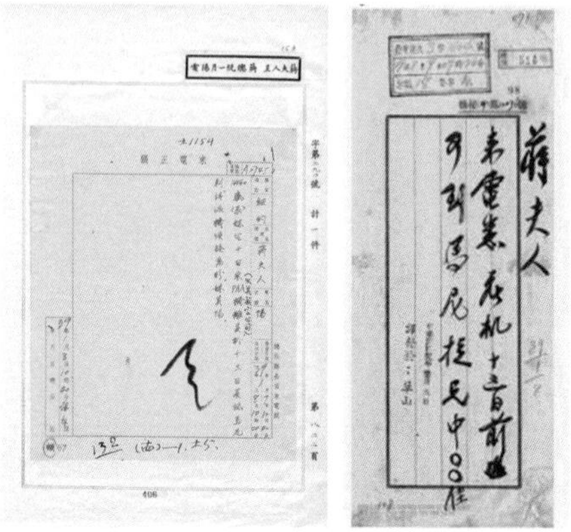

一九五〇年一月，蔣、宋有關宋離美自馬尼拉返臺來往電（檔號：002-020400-00029-153）

宋此次赴美前後近一年半，蔣不斷函請宋儘早回國，甚至在日記中感嘆：「去年春季，馬歇爾邀約夫人遊美為其上賓，而不應約，及至年杪，以危急赴美求援，所謂臨時抱佛腳，自討沒趣。此皆短識之所為，實違反余外交不忮不求之精神，可痛、可愧。」但宋始終覺得她留美對國家外交尚有可為，不願輕言放棄。

一九四九年這一年中蔣退引下野返鄉、設國民黨總裁辦公室於臺；國共談判破局、軍隊兵敗如山倒；中華人民共和國建立，中華民國政府遷臺；蔣不斷函電催促宋美齡返國，但宋仍堅持繼續在美運作，許多人難免認為這是「大難來時各東西」，但事實上宋一直在美國爭取美國朝野對中國的支持，遊說政府及國會，拉攏新聞界與社會團體，希望能對撤守到臺灣的蔣有所幫助。從這段時間蔣的日記看來，蔣雖然並不對宋的爭取美國援助抱任何希望，一而再、再而三的函電催促宋返國，但從未認為宋美齡可能滯美不歸，這或許就是蔣宋之間的默契與信任。

宋美齡在一九五〇年年初決定返國，十日搭汎美班機離美，經馬尼拉，十三日由蔣安排飛機返臺。

一月十三日蔣日記謂：「十一時三刻，迎夫人於桃園機場，即住大溪別署，晤談美國政策及其在美經過之工作與今後之布置，為慰。下午在大溪休息，聽取報告。」十四日又記：「朝課，自本日起夫人共同禱告開始。朝餐後記事，手擬〈中國存亡與東方民族之自由獨立之成敗問題〉，如果革命失敗，臺灣淪亡時，必以身殉國，則不必再另有遺囑矣。……四時後，與妻由大溪回草山後草廬居住。」似乎沒有較多的敘述，但同日上星期反省錄中則記了三條：

一、夫人對美國告別廣播全文，已引起美國人民與輿論對中國民族尊敬之心，現在美國對華政策全為其國務院中共產分子所操縱，深信其終有改變之日，而且其期並不甚遠，否則美國本身亦敗也。

二、美國發表對俄妥協之切望，是其出賣中國承認中共，解決中國問題為其主要之策略，此一策略果成，則美國地位更危，艾其遜不惟害華，其結果無異賣美也，可痛。

三、夫人回國對國家發生之影響，以在此大陸淪陷，革命絕望、國家危亡岌岌不保之際，有勢有錢者，惟恐出國逃避之無方，而夫人竟在此危急之秋，毅然返國來共患難，此種精神，不僅打消過去共匪一切污衊之宣傳，而其意義實不亞於西安赴難也。[4]

值得一提的是次年（一九五一）一月十三日，蔣還特地在「臺北賓館婦聯會為夫人回國一年紀念宴會」，一九五二年一月十四日又「到婦聯會同樂會，紀念夫人回臺二周年也。」可以看出蔣對於宋能夠在風雨飄搖、謠諑滿天的當時毅然返國，見證了離亂中不棄的情愛，是充滿感謝與振奮的。

夫妻和睦為人生第一之幸福也

蔣、宋的婚姻維續了近半世紀，任何一段婚姻生活中都有可能有爭吵、有歧異，甚至有外力的介入，但重要的是，婚姻中的兩個人能不能化解爭吵，撫平歧異，擺脫外力？蔣中正與宋美齡在他們的婚姻中，努力的做到了這一點，也許是借助了宗教信仰的力量，也

[4] 蔣中正日記，一九五〇年一月十四日上星期反省錄。

許是兩人有足夠的智慧處理問題，也許是生平未見的愛情支持了這段婚姻，也許是他們深切感覺到彼此的需要與吸引，不管為了什麼原故，他兩確實在潮起潮湧的波瀾中，日復一日的生活中，成就了「妳泥中有我，我泥中有妳」的生命結合，讓人不得不相信，他們之間真的不是政治婚姻，而是愛情的結合。一九四〇年代宋慶齡在香港時對美國記者斯諾談到蔣和宋的婚姻時表示：「一開始並無愛情可言，不過我想他們現在已有了愛情，美齡真心誠意地愛他，蔣也真心誠意地愛她。」一開始時有沒有愛情，蔣日記中做了與宋慶齡截然不同的詮釋；一九三一以後兩人從卿卿我我的小我愛戀進一步發展出生死相隨無怨無悔的革命感情；到一九四〇年代連一向反對蔣宋聯姻的宋慶齡都肯定了他倆的愛情；一九五〇年宋美齡用行動見證了兩人離亂中不棄的情愛；而一直到一九七五年蔣中正去世，這段婚姻中依舊充滿了深深愛戀，歷久而彌新。

蔣日記中經常出現一句話：「夫妻和睦為人生第一之幸福也。」這也許是蔣戀家、戀母、戀妻情結的一種表現，但也點出了蔣對於婚姻中兩人關係的詮釋。在蔣日記裡可以看到許多有意思的紀錄，平淡中自有深意，離亂中更見真情。一九三二年八月二十一日「林泉睡眠妻旁，為之心安。」當時蔣正進行對中共的第二次圍剿，該日自牯嶺至東林途中，夫妻偷暇小聚，此時此刻的「心安」二字，道盡蔣宋之間的相依之情。一九三七年十二月十日：「本日氣候陰沈，精神淒涼，……妻為伴侶覺我憂患，而百計為之消解憂愁，甚感

一九四八年二月十九日，蔣中正伉儷於廬山度春節間弈跳棋（檔號：002-050101-00010-043）

也。」一九三八年十月二十三日：「本日敵機不斷在上空偵察轟炸；而吾妻興奮快樂之精神更倍於平時，夫妻相愛之切，實我足以消愁。在苦痛憂難中惟此足以自慰。」一九四八年二月國共內戰方興，蔣「忙迫憂勤，日無暇晷」，甚至生病，因此趁農曆過年到廬山休養，「夫妻在爐前閒話，余斜身假眠，妻加薪調樂，音韻幽雅，爐火熊熊，神經寬鬆，欠呵頻乘，不覺憂心全消，漸入夢鄉，此乃憂患中難得之樂境也。」[5]蔣在婚姻生活中一直追求一種心靈的慰藉與安定，而宋做到了這一點，就如宋在婚後給朋友的信中所說：「我只要就丈夫的需要，盡力幫助他，就是為國家盡了最大的責任。我就把

[5] 蔣中正日記，一九四八年二月十九日。

我所知道的精神園地，引導丈夫進去。」以及蔣的銘感：「最足自慰之一點，就是余妻對余之信仰與篤愛，始終為余之慰藉。故時以身修家齊為幸，更覺治平之基已固，不患其為共匪所算也。」[6]

共度婚姻危機的決心與智慧

蔣、宋兩人的婚姻常被視作政治婚姻，其實有一個重要的原因是他們的政治地位與公眾身份，讓所有的人都以放大鏡在檢示這段婚姻，這也是為何蔣在談到兩人的感情時，要引申到「時以身修家齊為幸，更覺治平之基已固，不患其為共匪所算也。」說到此，就不能不談一下一九四四年的一段往事。一九四四年七月五日蔣召集五院院長及各部會高級幹部與英美友好約六十人，為蔣夫人舉辦餞行茶會，「乘便最近對余個人之品格的流言蜚語，敵黨陰謀之所在，坦白直言，毫無隱諱。此次謠言之深刻廣泛，非如此必不能止息也。余妻乃繼述其對余人格之信仰，亦極有力也。隨後覺生、季陶，各院長各述其感慨，而後散會。」[7]宋美齡於七月九日飛巴西，九月十二日轉美，在美滯留近一年，一直到一九四五年九月五日才返國。這段時間中外媒體對於蔣宋婚姻破裂的猜測報導，對蔣氏父子

6　蔣中正日記，一九四八年二月二十三日。
7　蔣中正日記，一九四四年七月五日。

外遇品格的詆毀激刺，層出不窮，而蔣這一年多的日記中一直把這些謠諑視為中共與英美的分化手段，堅信「反動者此次造謠作用，其第一目的則在挑撥我夫妻情感，先使我家庭分裂，後毀滅我人格，則其他目的皆可迎刃而達矣。」[8]個人並無意去追究這些謠諑究竟是空穴來風，還是無風不起浪，而是透過蔣日記與文件，深切感覺到在這件事件中宋對蔣堅定的信任與維護，以及蔣對宋極度的思念與感謝，恰足以說明兩人共度婚姻危機的決心與智慧。

最早在蔣日記出現的記載是一九四四年五月八日：「昨（七日）正午回林園後，心神疲乏已極。……共匪搗亂、造謠、中傷、誣蔑，甚至以敗德亂行之污穢謠諑，想入非非，無奇不有之。匪語加諸吾身，以圖毀滅吾身家，此種誣蔑與橫逆之來，自民國十五年以來雖非一次，然至今更烈。所謂道高一尺魔高一丈者，乃由今日經歷所得更覺其真切也。然余自信此種謠言一經證明其誣妄，則正增益余品性之時。故譭言之來，賢者以為福地也。」而這段時間宋身體始終不好，「妻病『風症瘵』已半年餘，近更嚴重，每夜幾乎不能睡眠，其能安睡二三小時之夜，為難能而可貴之事。此種痛癢，誠非身歷者不能想像其萬一也。若上帝不速加憐憫，使之早痊，如此失眠痛苦，神經決難忍受，其病必深入神經

8　蔣中正日記，一九四四年七月八日。

矣。今日彼之心神萎頓沉悶，更為可慮也。天乎？」六月間可能因為天熱，更難忍受，乃決定往巴西養病，一九四四年已是抗戰第七年，民疲國困，又逢家事不順，正是「家國兩憂集於一身」[9]，蔣在日記中有一段沉痛的記載：「今日子刻與寅刻，余妻以即將飛往巴西養病為念，發生悲戚心情，彼甚以最近國家情勢危殆，而其精神與夢寐之間皆多各種不利之徵兆，甚以此去恐不能復見為慮。彼云，君須牢記世界上有如我愛汝時刻不忘之一人乃可自慰；又云，君上有天父之依託，而下有汝妻為汝竭誠愛之護之，惟此乃可自慰也。余心神悲戚更甚，不能發一言以慰之，惟禱上帝保佑我夫妻能完成上帝所賦予吾人之使命，使余妻早日痊癒榮歸與團聚而已。」[10]次日又記：「妻甚以共匪謠諑，污蔑我人格，損毀我道德，尤以色欲、外遇之流言為最可慮，此謠不息，可使軍民對余之信仰動搖，則國家亦不可救矣。」七月四日「與妻商談約幹部與友好敘會，說明共黨謠諑對余個人人格之毀損無足惜，其如國家與軍民心理之動搖何？乃決約公開說明，以免多加猜測。」因此有七月五日的餞行茶會。七月六日蔣自記：「幸余妻自信甚篤，不為其陰謀所動，對余信仰益堅，使敵奸無所使其離間挑撥之伎倆。可知身修而後家齊之道，乃為不變之至理，安可不自勉乎哉？」七月八日又記：「惟妻對余篤信不移，乃在餞別發表其篤信之演詞，

9 蔣中正日記，一九四四年六月十三日語。
10 蔣中正日記，一九四四年七月二日。

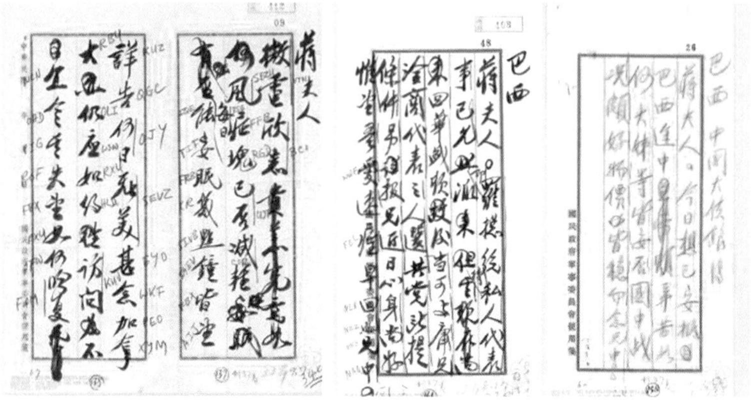

一九四四年七月十三日、八月十日、九月七日（檔號：002-040100-00005-054、058、062）

以粉碎反動共匪一切之陰謀，是此次聚茶會之功效在此。其他外人對之信與不信皆所不顧也。」在上星期反省錄中又一次表達：「約集高級主管對妻餞別並闢謠，此乃為我革命過程中重要歷史之一也，而余妻篤信不惑，使共匪陰謀粉碎無遺，實足自慰。」可以看出蔣對宋的信任與力挺是深深感懷在心的。

七月九日蔣親送宋登機，該日日記：「以妻將動程，悲憂交感。下午三時送妻到機場飛巴西養病，彼在機上最後呼聲『大令』，聞之特痛，及余呼彼時，機門已閉，再不能聞其回音矣。回途到林園獨住，更切悽愴，念妻亦更甚也。」次日又記：「昨日送妻別後，繾念不置，獨居頓覺悽涼，惟默禱上帝保佑其平安順利，早日痊癒速歸而已。」十四日上星期反省錄：「本周自妻別後獨居寡歡，軍事、外交、政治、教育

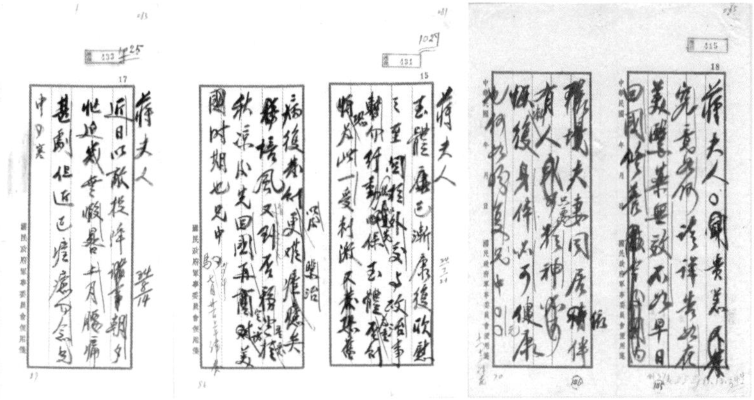

一九四四年十一月十三日、一九四五年七月二十一日、八月十四日（檔號002-040100-00005-065、081、083）

以及敵情與內部皆多不利之形勢，惟此心能隨時自制克己，勿怠勿荒而已。」八月九日自記：「悲傷、憂戚、愧悔、羞恥，至無以自解之地，兒輩不知其父之蒙辱至此，而余不能向之聲言，此最為苦痛之事。余妻如在家中，彼或能知我憂患之一二，然則彼必悲傷更不堪矣。」感性的戀念，理性的克制，錯綜複雜的情緒，道盡相思之苦。

在這一年中蔣、宋電文往返，雖然盡是思念與關懷，只是語句間相當平淡。

但在蔣的日記中就很可以看出這一年中其內心的波濤洶湧，或憤　有心人士的散播謠言、英美政客的蓄意操弄；或憂心於宋的病情惡化、外界種種對宋的刺激傷害；也一再強調自己的自信堅定。一九四四年八月十九日「美國朝野對我個人生活謠諑層出不窮，尤關於我夫婦家庭間之猜測亦未已，此次吾妻出國養病，為對公對私皆有損失，然虛實是非，必有水落石出之時，無稽荒謬之談，必不能掩蓋天下耳目，而且美國內亦有主持公道者，故余並不以此自餒也。」二十九日「晚鐵城來談美國報紙對余妻之譏刺已公開無忌，此乃共匪挑撥余夫妻無效，所以出此劣行也。」十一月二十二日「妻病狀惡化，手心足底皆起紅水泡，醫生不准見親屬，又不能安眠云。其病症嚴重可知，奈何。惟有禱告天父使之速痊。彼必為內外形勢與美國輿論態度所刺激，而致神經不安也，深恐其陷為神經病也。」二十三日「妻病沉重，外侮日亟，奈何，我惟盡我所當作，所能作而已，發妻電。」十二月八日「培風本日由美國回渝，得知妻體力如常，未減瘦也，略慰。」一九四五年一月五日「畢範宇來談英、美又謠傳余夫妻離婚之說，余一笑置之，此為英人所造也。」一月三十一日「共匪對吾妻又發動謠諑，以期喪失吾夫妻之信譽，並期離間吾家庭之感情，以達其政治叛國之陰謀，而其惟一毒辣之手段與造謠之伎倆，總以男女戀愛為其駭人聽聞之因由。彼以為除此之外，再不能動搖吾人之信譽。熟知其計雖毒，決不能搖撼吾人自信心。只要吾人自信堅定，任何毒物皆無所施其技。至於毀譽得失則更無動於衷，世人之為疑、為信，當非所計也。」一九四五年「雜錄」中有一段二月四日的記述：「去年最大之逆境與極端之劣勢，至今反省實為上帝賜予之厚福，不然吾人驕橫傲慢，必至無可挽救之絕地，而吾妻受此教訓，得此經驗，其必進步無量，否則如遲至今年遭此劣勢，則於國於家皆必全敗矣。於是益信上帝賦予吾人之使命，無論時間與空間早已為吾人準備一切，只須吾人依照上帝之意旨順從力行而已。」從字裡行間可以看出，蔣、宋從這次事件中得到了深切的反省與更生的力量，就如同前面說過的，堅定的宗教信仰、足夠的智慧與愛情，讓他們在潮起潮湧的波瀾中共譜感情生活，共度婚姻危機；共享相依之樂，共嘗思念之苦；而對於國家民族的大愛，讓他們能夠化個人情感為革命情感，或間關赴難，或生死與共，成就知己之愛與同志之愛。

第五章　公務的參與

對蔣中正而言，悍妻妒妾固然無法長處，嬌妻美妾也未必能夠長久，他所需要的是一個在生活上與他分享，在工作上與他併肩的「知己」、「同志」，這種既有傳統大男人主義，又有新思潮下要求婦女解放的雙重標準，實在要求太過，但宋美齡在這段婚姻中，是確確實實達到了蔣的高標準。從新婚後不久，宋美齡就發揮了她人際關係、語言長才上的優勢，逐漸成為蔣身邊不可或缺的臂助；抗戰軍興乃至播遷來臺，宋美齡參與各種社會工作與婦女工作，陪同蔣中正出席國內外各種外交場合，成為與蔣並肩作戰的最佳戰友；更不用說赴美發表演說造成的「宋美齡旋風」，全球華人公認風華絕代「永遠的第一夫人」。值得注意的，絕大多數的時間宋站在蔣的背後支持他、陪在蔣的身邊扶持他，然而有些時候蔣也能夠讓宋擁有自己的舞台，甚至讓宋走在他的前面，接受宋的引領。蔣宋之間的相輔相成，當然可以說宋協助了蔣的成就，但也未嘗不是蔣成就了宋的風華，他二人真正做到了「你泥中有我，我泥中有你」。

撫孤育幼，澤被遺眷

蔣中正與宋美齡婚後不久，就重回北伐軍旅，宋在此時尚處於新婚的適應期，在蔣日記中所記多半是出遊的行程或分隔兩地思念的心情，較少出現宋美齡參與公務的記錄，但可以看到她開始出現在蔣參與的外交場合，並已受到稱讚與肯定。一九二八年二月五日宴請法國公使馬泰爾，蔣日記中寫著：「晚在家宴法使，盛稱三妹內助之能也。」《愛記》描述的更清楚：「二月五日，宴法公使馬泰爾，夫人為翻譯，公甚感夫人內助之能。」蔣是個凡事親力親為的領導者，宋美齡隨著蔣巡視各處，必然也或多或少的參與一些事務，一九三一年三月十一日蔣日記中有一段話：「改正新兵教育問題，事事非躬親過目，無不錯誤，此問答改正已遲，軍隊精神教育之錯誤已極，政治訓練處周佛海之馬鹿甚矣。愛妻云自主席以至書記、苦力、掃夫止，皆由我們親作矣。」可以看出宋對蔣公務上的配合，這在日後數十年中，有許許多多的事實可以證明。

這段時間宋美齡有一項重要的工作，就是參與遺族學校的創立，遺族學校全稱「南京國民革命軍遺族學校」，一九二八年十月由蔣中正提議，設立籌備遺族學校委員會，推舉蔡元培、何應欽、葉楚傖、宋慶齡、宋美齡、何香凝、王文湘、李德全、劉紀文、江恒源、傅煥光為委員。在蔣日記有這樣一段記載：「十月六日，與夫人商陣亡將士遺族學校，決與馮玉祥夫人李德全合作，乃由夫人電馮夫人，曰：『此次北伐功成，實為武裝同志犧牲之代價，所遺孤苦，無人教養，何以對死者之忠魂？擬設革命軍人後裔學校，極願大姊共同負責，指導進行為幸。』」十一月，中國國民黨中央常務委員會通過決議，創辦革命烈士子弟學校，校址選在南京紫金山南麓的中山陵附近，象徵著烈士後代仍在享受著中山先生的關懷，由宋慶齡擔任校長。但宋慶齡常年在外，真正的事務都委由宋美齡擔任，宋美齡在《國民革命軍遺族學校和女校建校的經過》中自敘：「自從國民政府在南京建設首都以後，蔣總司令覺得要有一種設施來紀念國民革命歷年為主義奮鬥和為黨國犧牲的將士先烈，安慰他們在天之靈。及至民國十七年，統一告成，政府決定對陣亡諸將士，為之建築公墓，開闢公園，以志紀念；給發恤金，撫慰寡孤，以慰英靈。但是，遺族子女大都缺乏教養，亟應設立學校，造就他們成為健全的公民，才算是盡了撫慰遺族的責任。民國十七年十月蔣總司令向中央執行委員會提議設立遺族學校籌備委員會，當時就推定委員十一人，國民政府主席譚延闓先生，亦參加在內，他非常熱心，並對我說：『完全請你負責，來籌備本校。』在籌備創設的時候，當然經過許多困難，就是現在亦常有困難的問題發生；這是舉辦一種事業不能免的，只要我們能努力做，去不斷地改正，必可完成我們的計畫。」一九二九年一月二十三日蔣「電令各師長並轉旅團營長，曰：『遺族學校先辦小學，定三月一日開學，學額暫定三百人，學膳衣食，一切免費，各師陣亡官兵子女，在十六歲以下，願入學者，應切實調查具報，務望實心從事，勿稍忽視！』」由此看來，蔣下達命令，宋執行任務，可以說遺族學校的建立是宋美齡在和蔣中正結婚以後，親身參與最為積極的一件事，也是她早年最引以為傲的一件事。事實上無論在抗戰期間、在遷臺以後，宋美齡也一直努力於撫孤育幼的工作，可說是澤被遺眷，這在後面還會談及。

吾妻內助之力，實居其半也

一九二九年十二月一日蔣宋結婚兩周年，蔣日記寫著：「結婚二年，北伐完成，西北叛將潰退潼關，吾妻內助之力，實居其半也。」從蔣日記中看來，這兩年間宋美齡身體上一直大病小病不斷，精神上也還沒有完全適應做一個征人背後無怨無悔的賢妻良母，究竟宋美齡做了些什麼事讓蔣有這樣的感動？一方面可能是蔣覺得婚姻生活讓他真正安定下來，才能夠全力投入北伐大業，這自然是內助之力；不過另一方面宋對蔣還有一點不可忽略的內助之力，就是蔣宋的結合讓宋家的實力成為蔣的重要支助，這也是為什麼許多人覺得蔣宋的結合是政治婚姻的主要原因。不可否認的，蔣宋結婚後，兩大財政高手宋子文成為他的姻兄、孔祥熙成為他的連襟，在那個一切重視關係的年代，當然對蔣有所助益。不過蔣中正與宋子文的關係一直不太好，一來是宋子文的個性強烈不受蔣喜愛，二來是宋堅持限制軍費開支、編制預算、建立強有力中央銀行等制度，讓一心軍事北伐，卻對

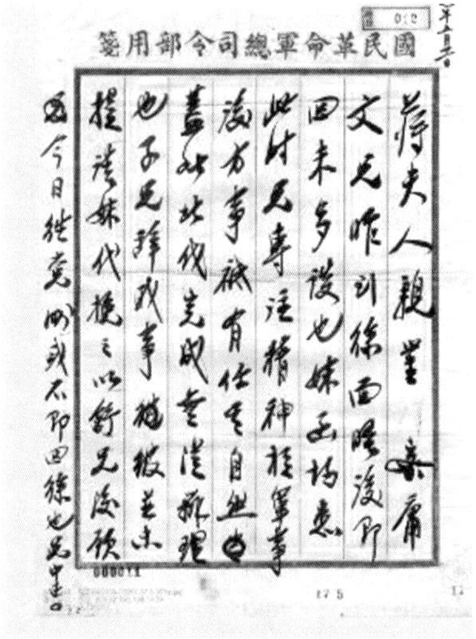

一九二八年五月二十一日，蔣中正電宋美齡請代挽留宋子文以舒後顧函（檔號：002-040100-00001-012）

財政毫無實力的蔣中正頭痛不已。細看蔣日記以及檔案，可以看到不少是宋美齡在居中轉寰蔣與宋子文的關係，如一九二八年三月二十八日蔣記：「昨夜未得安睡，今晨電催子文解款，允照數明日解足，心始得安。」四月二十一日記：「子文不別而行，余致電三妹。」五月間兩人關係一度僵持，蔣除請宋美齡出面轉寰外，在日記中毫不客氣的寫著：「子文陰謀擅權，常使余發怒，……使三妹心亦不快。」[1]

一九二九到一九三〇年中原大戰期間，宋子文在財政部長任內，先後發行近三萬萬元的內債，主要都用於軍政開支[2]，在蔣日

1 蔣中正日記，一九二八年五月二十八日語。

2 郭岱君：〈蔣中正在國民黨之崛起（一九二五—一九二八）〉，刊呂芳上主編：《論民國時期領

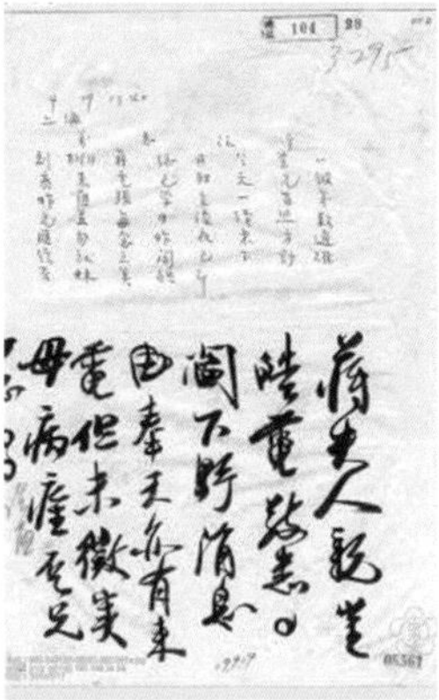

一九三〇年九月十九日，宋美齡電告蔣中正已陸續匯款張學良（檔號：002-070100-00012-007）

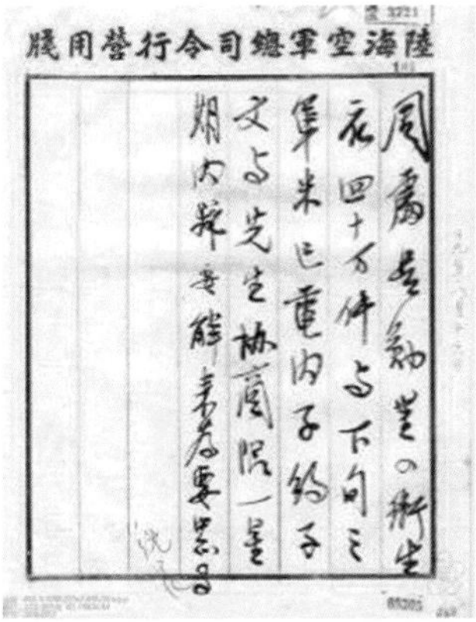

一九三〇年八月十五日，蔣中正電周駿彥告軍品情況函（檔號：002-090106-00008-092）

記中有一段非常有意思的記載：「子文不肯籌發軍費，內子苦求不允，乃指子文曰：如你果不發，則先將我房產積蓄盡交你變賣以充軍費。若軍費無著，戰事失敗，吾深知中正必殉難前方，決不肯愧立人世，負其素志。如此則我如不盡節同死，有何氣節？故寧先變賣私產以充軍餉，以冀勝利云。子文聞之心動，乃即發款也。」[3]這中間的是非曲直不是本書可以釐清的，但宋美齡對蔣的全力支持、對宋子文的軟硬兼施，無疑是讓蔣銘感五內；其他如商請孔祥熙協助財政危機、調用款項購買軍品處理軍務等等，對於蔣中正而言，「吾妻內助之力，實居其半

導精英》，香港：商務印書館，二〇〇九年十二月，頁九十四。

3 蔣中正日記，一九三〇年七月十九日。

一九六一年二月一日，蔣中正為宋美齡佩戴飛鷹榮譽勛章（檔號：002-050101-00041-161）

也」，實在是發自內心的感觸，而絕非一句溢美之言。

中國空軍之母

宋美齡對蔣中正的協助，很重要的一部份是關於中國空軍的建軍發展，她被稱為「中國空軍之母」，在許多重要及正式的場合，常可以看到她的旗袍衣領左右各佩一個空軍領章，左胸前佩帶一枚「榮譽飛鷹胸章」。飛鷹胸章代表飛行兵科，只有飛行員才能佩帶，那是民國五十年（一九六一）二月一日，空軍總司令陳嘉尚將呈獻給宋美齡，由蔣中正親為夫人佩掛的。當日蔣日記記：「夫人重傷風，余勸其不赴南部參加典禮，彼以已有所約不能違誤，乃必欲同行，而傷風更重又誤時間。十一時後與妻帶武孫

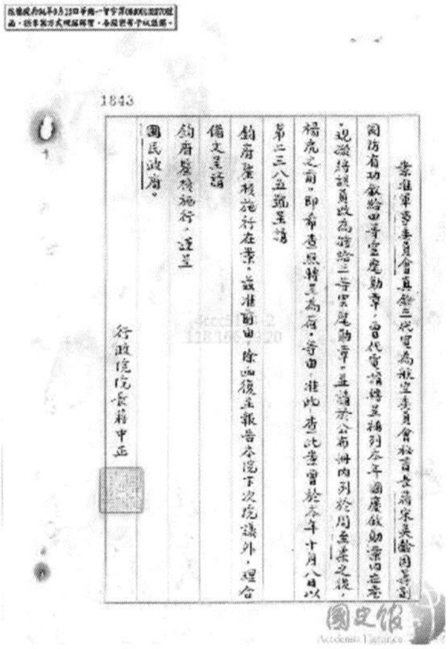
1843
案准軍事委員會真發三呈代電為航空委員會秘書長宋美齡因着對
國防有功敘給四等雲麾勳章，曾代電請轉呈補列本年國慶敘勳案內在卷
，現擬將該員改為請給三等雲麾勳章，並請於公布冊內列於周至柔之後
、楊虎之前，即希查照轉呈為荷，等由，准此。查此案曾於本年十月八日以
第二三八五號呈請
鈞府鑒核施行在案。茲准前由，除函復並報告本院下次院議外，理合
備文呈請
鈞府鑒核施行。謹呈
國民政府。
行政院院長蔣中正

一九三六年十一月十一日，蔣中正呈國民政府為航空委員會祕書長蔣宋美齡特給三等雲麾勛章（檔號：001-035100-00056-005）

飛到岡山，延誤卅分時，舉行空軍四十二期生畢業典禮，並授予夫人以榮譽飛行勳章，以報其航空委會祕書長任內三年，奠定空軍基業之功也。」當時還有一篇獻詞，敘述宋美齡對中國空軍的付出，其中提到：「回憶民國二十五年春，夫人就任前航空委員會祕書長一職，莫不悉心襄贊，周切指示，實開創我空軍奮發邁進之始基。」

民國二十五年航空委員會改組設委員制，蔣中正兼任委員長，周至柔擔任主任，宋美齡則擔任祕書長，這是宋美齡生平第一，也是唯一的公職。南京航空委員會內部有一間祕書長專屬辦公室，一張辦公桌、一套沙發、一面橫匾上有孫中山「航空救國」的翰墨，簡單樸素，宋不定時的在該處上班、開會、接待外賓，在抗戰前政府展開空

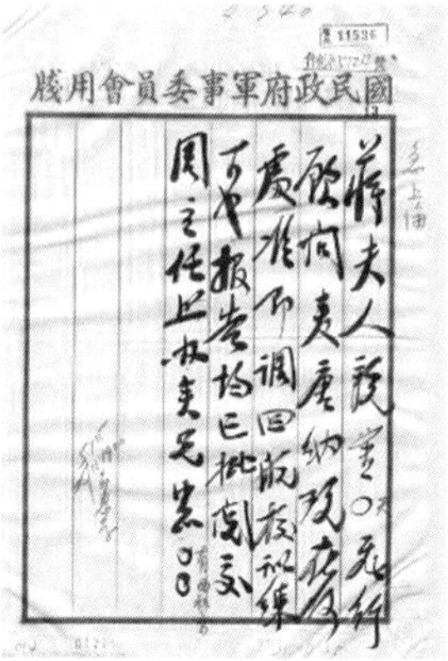

一九三六年十一月二十五日，蔣中正致宋美齡准調麥唐納回航校訓練電（檔號：002-010200-00169-012）

軍建設之際，舉凡建軍大計的策劃、航空救國政策的宣導、外國顧問的延聘、飛機材料的採購、以及空軍士氣的鼓勵、飛行伙食的改善、空軍遺眷的慰問等，到處都有宋美齡的身影。一九三九年春，宋因健康原因辭去航委會祕書長職務，總計三年有餘，但她擔任航空委員會委員則有十年之久，始終對空軍的人事、採購，甚至訓練和作戰多所督導。

在蔣的日記中記有不少對宋這段工作的片段，一九三六年二月八日：「妻任航委會祕書長，勤奮可感，會務為之一振，空軍必有長足進步也。」同年十月十二在杭州巡視航空學校，記：「七時到航空學校，校閱兵，觀飛。到翁家埠機場，試驗轟射，成績漸著，以三年精神與夫妻合力而得有今日成績，五年之內欲趕上倭空也。」一九三七年七月二十四日記：「余妻籌備空軍，協力謀國之盡誠，世無其匹也。」七月三十一日：「妻對空軍籌備尤苦，吾人若不任勞怨，則何人能任也？」八月九日：「妻主持空軍之勞，如將來勝利，則其功實不能沒也。」十日又謂：「妻於空軍準備，誠所謂竭其心力，深信上帝必不負余夫妻之苦心也。」八月十七日：「妻冒險巡視句容等各機場，代余慰勞空軍將士，可感也。」

陳納德「心目中永遠的公主」

宋美齡對空軍的貢獻很重要的一項，是協助陳納德（Claire L. Chennault）來華建立飛虎隊。民國二十六年三月宋美齡經中央信託局美國顧問羅伊霍布魯克（Roy Holbrook）的推薦，致函邀請陳納德來華擔任顧問，協助發展中華民國空軍及訓練飛行員。一九三九年政府內遷重慶之後，陳納德利用中國的戰略縱深建構出一套原始的預警網，防衛重慶，抵禦日軍的空中威脅。一九四一年以後更建立了抗戰時期著名的「飛虎隊」，成為幫助中國捍衛領空的英雄。宋美齡選擇陳納德擔任顧問，有如伯樂識千里馬：「抗戰前，任航空委員會祕書長時，對陳納德就有良好的印象，其對環境考驗的克服能力，是若干外籍顧問望塵莫及的。」[4] 陳納德則稱她為「心目中永遠的公主」。[5] 一九四二年二月二十八日，蔣

4 蔣宋美齡，〈陳納德將軍紀念文〉，一九七五年三月陳納德去世時所撰，《中國的空軍》，四六二期（臺北，中國的空軍出版社，一九七八年七月），頁一。

5 陳納德著，陳香梅譯：《陳納德將軍與中國》（臺北，傳記文學出版社，一九七八），頁四十。

蔣中正、宋美齡與陳納德合影（檔號：002-050101-00005-032）

歡宴甫自印緬歸來的美飛虎隊，宋稱讚飛虎隊是舉世最勇敢的一支空軍，陳納德表示宋是飛虎隊的「榮譽隊長」，宋回答了一段感人的話語：「我想對於這個頭銜，較我現有的任何其他頭銜，更引以為榮，因為我知道各位非但是以軀體和技術來戰鬥，而是用你們的熱心和精神來戰鬥。」[6]宋美齡對於來華助戰的飛虎隊員給予諸多關注與獎勵，她與志願隊直接對談溝通無礙，給人非常親切的感覺，一位隊員在日記中描述：「她是我們的榮譽隊長（Honorary Commander），穿著完美

6 蔣宋美齡，〈對飛虎隊講話〉，收入《蔣夫人思想言論集》（臺北，蔣夫人思想言論集編輯委員會印，一九六六）卷三，演講，頁一二二。

得體的中國旗袍，顯得雍容華貴而動人，有外交家的練達與迷人的氣質。」[7]一九四二年四月一日蔣日記：「妻與美代表等解決志願軍改編正式美國空軍問題。」七月一日又記：「本日余妻代余約集中美空軍主官，解決空軍整個數量與空運計畫，半年來美員延宕推託之要務，用一日之力竟得解決一切，殊足感慰，此非余妻之果敏決不易成也。」宋美齡確實是以其外交家的練達與迷人的氣質，為中國空軍在抗戰艱苦的環境中創出了一片亮麗的天空。一九四二年十一月二日蔣在該日預定工作中寫著：「一、給夫人以軍事一等勳章；二、寫羅斯福總統信；三、給夫人名譽上將銜」，事實上宋美齡是在一九四三年十二月二十五日，以「往年奔走革命，功在黨國，抗戰軍興以來，對於國家尤多貢獻」而獲頒青天白日勳章。很有意思的是一九六四年七月一日蔣日記中有這樣一段：「下午批閱公文，補敘夫人前航委會祕書長為同中將官階，又特授其為榮譽一級上將，如此乃不違反法令也。」

對空軍士氣必有重大助益也

政府遷臺後，空軍肩負了防衛臺澎金馬領空的責任，並時常執行高危險性的偵察任

---

[7] Bond and Anderson, *A Flying Tiger's Diary* (Texas A & M University Press, 1984), p122

蔣中正、宋美齡在西子灣賓館接見高志航飛行員之太夫人（檔號：002-050101-00058-160）

務，傷亡極多，對空軍的關懷，尤其是對遺眷的照顧依舊是宋美齡的重要工作，在蔣日記中記述宋美齡：「夫人發起捐建軍眷之舍四千棟事，已有半數以上認捐，其成績與進行情形甚佳，此為兩年來時用懷念，而未能實施之事也。」[8]巡視空軍官校：「上午八時半豈非至岡山空軍官校，舉行第卅九期開學與空軍參大十九期畢業典禮，召見桑鵬少將等空軍顧問，余妻為空軍史蹟館開館剪綵後，巡視史蹟，想見當時子弟抗戰神蹟，不勝悲傷。」[9]視察屏東與臺南軍眷住宅：「昨下午妻由陳總司令夫婦陪同視察屏東與臺南軍眷住宅，氣候炎暑中不覺疲倦，至夜暗始回，

8 蔣中正日記，一九五六年五月二十六日。
9 蔣中正日記，一九六〇年九月十四日。

蔣中正、宋美齡以茶會款待空軍遺眷

對空軍士氣必有重大助益也。」[10]點點滴滴中可以看到宋的投入。宋美齡每年都會約集空軍遺眷茶會，對每一個人關懷備至，「妻於年初即約空軍遺族老幼寡婦來家聚會娛樂，此乃鼓勵士氣最大之功效，惟見滿室之孤寡，但有心傷而已。」[11]「晡召集空軍遺族母妻子女四十餘人茶話，照相，夫人懃懇切使遺族欣慰，實為余最快樂之一事，可使陣亡將士之靈得慰也。」[12]其中還有一段頗為感人的記載：「晡召見空軍遺族子女及其妻母四十餘人，茶會分贈禮物與子女抽籤得物為樂。

10 蔣中正日記，一九六〇年九月十四日。
11 蔣中正日記，一九五六年一月四日，上星期反省錄。
12 蔣中正日記，一九六〇年一月十五日。

又見溫鑄強[13]之母，以余妻去年介紹孩子送其為孫[14]，甚為孝順活潑，故其心神甚樂，顯與前次所見時憂悲之情不同也。余妻實對士氣之增強有莫大之貢獻也。」[15]

內子力助於內，子文輔佐於外

宋美齡對空軍事務的參與至深，有相當大的原因是由於她的外語能力，而同樣的原因，也使她在一九四一年中國參與同盟作戰，踏上國際舞臺前後，成為蔣中正外交折衝上的重要臂助。一九四一年十一月間美國偏聽日本一面之詞，有意對日妥協，中國面臨艱巨的挑戰。蔣透過宋美齡致電羅斯福總統及美國相關官員，並由宋子文在美經由各種管道大聲疾呼、多方轉寰，卒使美國在最後關頭改變態度。蔣在十一月二十八日記：「此次美國

---

13 溫鑄強，廣東鶴山人，幼年僑居越南，一九四〇年返國報考空軍幼年學校，錄取為第一期生，畢業直升官校二十六期，成績優異留校任飛行教官。一九五四年七月六日，駕駛F47機支援大陳作戰轟炸敵艦，在舟山上空遇米格機，奮勇追擊至寧波時，遭中共後續機群之截擊，壯烈犧牲，政府追贈空軍少校。

14 這是一段關於這孩子的記述，「我曾教過一位學生名叫溫中正，他的背景較特殊，聽說民國四十三年十一大隊溫鑄強因公殉職時，蔣夫人派員慰問溫老太太，詢問她是否有何需求，老太太說，鑄強未留下子嗣，懇請蔣夫人作主，夫人遂到孤兒院挑中溫中正過繼給溫家。溫中正非常聰明，但是也很頑皮，上課時無法安靜地聽講，總是東摸摸西瞧瞧，老夫人根本管不住他，聽說他後來爬樹不慎摔死了。」鄭淑儀，〈空小紀事〉，收入空軍總部編，《金色歲月憶空小》，二〇〇五年十一月出版。

15 蔣中正日記，一九五六年一月二日。

對倭態度之強化，全自於自我態度之堅定與決心之堅毅，尤在於不稍延遲時間，得心應手，窮理致知，乃得於千鈞一髮時旋轉於頃刻也，而內子力助於內，子文輔佐於外，最為有力，否則如胡適者，則未有不失敗也。」二十九日上星期反省錄中記：「自二十四美國務卿對日妥協方案得悉後，三晝夜未得安心，此誠存亡成敗之惟一關鍵，故不計美國當局是否疑忌怨恨，亦不再顧成敗利鈍，乃盡其心性，一面對其正式反對警告，一面向其陸海財各部長囑子文奔走呼號，並囑拉鐵摩爾電其羅總統警告，卒能挽救危局，獲得勝利。此種旋乾轉坤之大力，非有上帝眷佑指導，決不能致此也。」一一月的當月反省錄更用了宋美齡的話作檢討：「幸賴上帝眷佑，運用全神，卒能在最後五分鐘，當千鈞一髮之際，轉敗為勝，內助之力實非尠也。妻云，無論商家與住室，若無家主與老闆娘時刻貫注全神，管理業務，則必不成。其言以鑒於歷次外交部與駐美大使胡適對其使命與任務之成敗幾乎毫不在意而發也，此等官僚與政客無膽無能，而不願為國家略費心神，凡事只聽其成敗，是誠可痛可悲之至也。因之無論家與國，皆必須有主，而且必須全賴其主者自身之努力奮鬥，其他皆不可靠也。」由於日本無法獲得美國支持，轉而執行偷襲珍珠港美軍基地，終至美對日宣戰，這一關鍵時刻，宋美齡成功扮演了重要的內助角色，而其後，她更走出幕後，在外交砧壇上為中國發聲。

宋美齡旋風

一九四二年宋美齡一直為病所苦，十一月十八日決定赴美治病，此行固然是為了醫療，但還有更重要的安排，就是希望透過宋的拜訪白宮與公開演講，尋求美國對中國抗戰的關注。一九四三年初，羅斯福總統邀請宋美齡三度訪問白宮，在白宮住了十一天，一九四三年二月十八日，宋美齡在美國國會發表演說，她是第一位在美國國會發表演說的中國人，同時是繼荷蘭女王之後，第二位在美國國會發表演說的女性。宋美齡的演說，沒有一句示弱或求助，而是以鏗鏘的語調、堅定的態度、豐富的感情、清晰的條理，告訴美國人中國為何而戰，告訴美國人中國永不放棄，就如同美國人為了世界和平與公理正義投入二戰，同樣的堅守崗位絕不退縮；美國國會為之轟動，全體起立鼓掌者再。隨後，宋又到美國各地發表演說，傳播媒介大量報導她的行程，許多雜誌以她的肖像作為封面。她所到之處，人們鼓掌歡呼，慷慨捐款，支援中國抗日戰爭，總計超過二十五萬人聽過她演說，她所造成的「宋美齡旋風」，掀起了美國對中國前所未有的注視與關懷，美國國會更順勢廢除實行已有六十年的「排華法案」，提高美國華人地位。

這段歷史與過程有許許多多的報導和研究，不僅膾炙人口，研究亦足深入，而本文更想描述的是，在宋美齡風光體面的訪美之行背後，蔣中正是怎樣的態度和想法。宋自

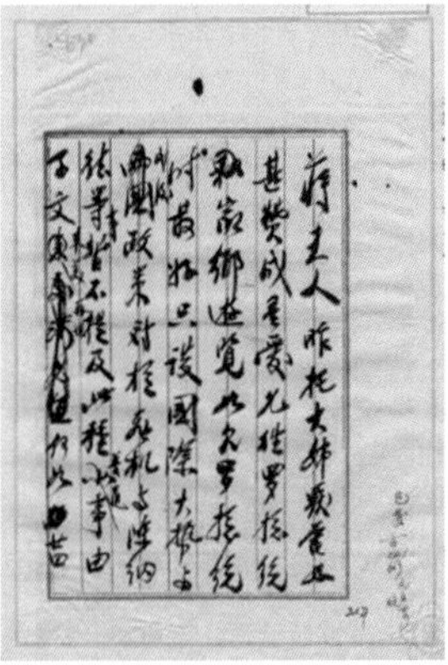

一九四三年一月二十四日，蔣中正致宋美齡贊成其往羅斯福家鄉遊覽電稿（檔號：002-020300-00037-032）

一九四二年底赴美，蔣的思念可以從一九四三年二月五日農曆除夕的自敘中看出：「接兩兒電，知其念余孤獨無親之苦，而不知余真是孤單度歲耳。嘗憶廿一歲，余首次在保定軍校而未能假歸度年，家中惟母妻二人，未見其孤子在家，乃號泣悲傷乃至不忍食年夜飯，想見當時，先慈念兒之情景，更不忍為懷矣。」然而蔣、宋都知道這一次赴美的重要，就如蔣二月十日所記：「晚與妻長函，切勸其忍耐，勿急意氣，勿忘赴美惟一目的所在。」夫妻二人在來往函電中的互勉互勵，說明了宋美齡此行對國家的重要性遠超過個人的意氣與得失。

　　對於宋美齡在美國的每一次訪問、每一次演講，蔣都付予十分的注視與重視，時時給予肯定和讚賞。一九四三年二月十八日：「吾妻今日到華盛頓，羅斯福與夫人親到車站迎接，陪入白宮，表示以優禮相待，為吾妻榮，尤為吾國家榮，然余之心則殊覺歉愧不安。」二月二十日：「今晨閱報見夫人在美國兩院講演甚至為得體，國會聽眾之熱烈歡迎，亦為向來所未有，此為其十年來修養與培植之苦心，至今始得表現，聊慰平生之願望，甚盼美國對華從此能夠更進一步之認識也。」二月二十一日：「閱妻在白宮對新聞記者二百餘人談話，甚為得體。」同日上星期反省錄：「妻到華盛頓受白宮與美兩院盛情歡迎，其言動皆宜，此次成功程度如何不可，必然於將來之影響必大也。」二月二十七日：「吾妻在華盛頓言語態度均好，尤以中國要求美國補助物資，非為贈予，而為本分之言，或可促美國之醒悟也。」三月三日：「昨日余妻在紐約麥迪遜廣場演說，受群眾最熱烈之歡迎，各州州長到者有九人之多也。」四月六日：「看吾妻在美國好萊塢演詞，實一篇動人而有力之文字，不禁為之神馳。」六月十八日：「閱吾妻在加拿大講詞，最為得體，無任欣慰。」尤其三月一日宋美齡在紐約市政廳演講因疲勞一度暈厥，蔣在次日日記中記：「余妻昨日在紐紐市政廳演講，幾至暈厥，其心身之疲乏與精神之憤悶，可想而知，此又余審事不周，任其單身前往苦鬥之過也，但深信其結果於國家前途必有良效也。」可以想像得到，蔣對於嬌妻隻身苦戰於千里之外，是何等的牽掛。

蔣日記讓人覺得可貴的，是蔣記了很多他真實的感覺，在宋美齡此行中，蔣對於其對英國態度頗不以為然，由於宋美齡對邱吉爾有相當程度的排斥，因此拒絕訪英，甚至邱吉爾訪美時宋亦不願往見，對此蔣頗有微詞。一九四三年四月一日蔣記：「艾登已由美國

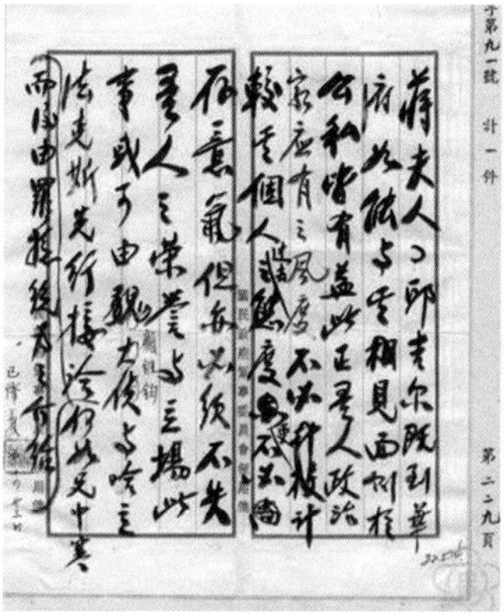
蔣夫人：邱吉爾既到華府，妹能與之相見面談，於公私皆有益，此正吾人政治家應有之風度，不必計較吾個人態度……存意氣，但亦必須不失吾人之榮譽與立場，此事或可由……

一九四三年五月十四日，蔣中正致宋美齡希其往見邱吉爾電（檔號：002-020300-00037-097）

赴加拿大返英，而未與吾妻會晤。此乃由邱吉爾演說所造成之結果。吾妻既發表英駐美大使面邀其訪英，而以體力關係未能允諾其請之意，則明示拒絕，彼自不便再謀晤面請求。此乃吾妻感情與虛榮之感過甚所致。然邱既侮辱吾國至此，自無訪英之理，國際關係複雜，此事未必就此終結，其中或有變化，暫作靜觀待機可也。」四月十五日有一段記事：「妻對紐約記者談話稱甘地思想褊狹與混沌一語，不僅為英人利用，而且吾人對印基本政策亦遭受不利之影響矣，應屬其慎重並催歸。」可以看到蔣的慎微之處，也可以看到蔣對中英外交的重視。五月間邱吉爾再度赴美，蔣極希望宋能前往見邱，但宋明白表示不願，蔣一方面致函宋剖析利弊，並電在美的外交部長宋子文安排宋美齡參加相關會議。一方面在日記中記：「昨晚宿黃山，心緒仍鬱結不能自釋，外交與軍事皆無人能瞭解余之意旨，代表者非自作主張即不知輕重，貽誤要

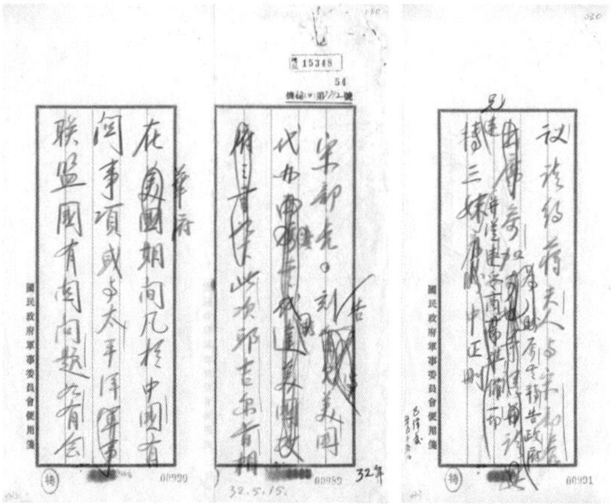

一九四三年五月十五日，蔣中正致宋子文請安排宋美齡參加會議電稿（檔號：002-010300-00051-030）

務，更覺煩惱。」

宋美齡仍堅持己見，蔣在五月十八日記：「正午接妻電，不願與邱吉爾會晤，固執己見，而置政策於不顧，幸子文尚能識大體，遵命與英美抗爭也。」十九日更在「雜記」中記下強烈的不滿：「女子無才便是德之諺語，至今乃益信而有證，婦女褊狹嫉妒，有我無人，重私輕公之性，甚於男子，此其所以不能任重致遠之由也，中正。」這話就說得很重了，但頗值得玩味的，蔣常把一些特殊的想法記在「雜記」中，而不寫入每日日記，不知道是不願意被宋美齡看到？還是有特別的意義？

儘管有不盡如意之處，但整體而言宋美齡此次訪美之行所造成的旋風，無論是對抗戰時期的中美外交，或是對蔣中正夫妻在外交舞臺上的地位，都有絕對正面的影響，蔣在五月反省錄中記：「華盛頓羅邱會談結果，對我中國戰區之將來作戰比前已有進步，以美國之民心與輿論漸與吾人之戰略主張接受，羅固不敢置之不理，而邱亦受相當之打擊，然市儈與流氓之德，自私失信為常事，是否能實踐此約，今年打通滇緬路，猶在不可知之列，惟余所恃者為道與理，不患真理不能實現，蓋人同此心，心同此理，美國民心所向，料其不能掩蓋天下耳目耳，此乃余妻赴美最大之效用，此之任何租借案之獲得為有益也。」六月反省錄又記：「妻在美國七月之久，其於我國之地位與中美之邦交實有不可想像之收穫也。」

宋美齡於一九四三年六月底決定返國，七月四日的日記中蔣有一段很有趣的紀錄：「回寓探詢妻機究在何處？最後得報本日可到成都午餐，後乃即由九龍舖乘機飛新津，即到新津，乃知妻已在白市驛下棧，安全到達矣。再乘原機回渝，適值經兒亦由桂乘機到站，同車回寓，而緯兒已往白市驛迎接其母矣。」在抗戰期間由於日機經常性的轟炸，飛機航行必須視情況起降，所以常有不確定於何處降落的可能性，致使蔣疲於奔命而未能接到夫人。次日日記中記：「昨四日下午六時回寓，見妻已到寓，病臥榻上，額頭部疼痛，不能搖動矣。孫、孔二夫人與經、緯兩兒皆聚集一室，甚覺難得，親戚辭去後，夫妻二人晤談別後經過，妻又報告留美經過要務，殊感欣慰，晚餐後再談，睡前靜坐，禱告如常也。……晚記上周反省錄未完，與兩兒晚餐後，與妻談話，彼顯已漸癒矣。」很有意思的是，在檔案照片中看到七月四日有一場盛大的「宋美齡載譽歸國茶會」，宋家三姊妹及孔祥熙均在座，蔣中正笑容滿面，中外賓客齊聚，但蔣日記中卻沒有任何記載。

七月十一日上星期反省錄蔣記：「本周夫人平安回國，結果勝利，其病體歸來第三日幾乎痊癒無恙，夫妻精神療治非任何藥石所能比較也，余之心神亦較安樂，尤以母子情緒較前更有進步為樂也。」七月反省錄則謂：「余妻由美國載譽歸來，其成效乃出於預想之外，家庭和睦，母子親愛漸增，最為安樂之事。」也許對於蔣而言，再多的外交成就，也比不上愛妻的安全歸來、家庭的和樂敦睦來得重要。不過該年十月間蔣日記有一段記載：「美國眾議院專刊余妻在美之講演集，定為美議會檔案與各大學之研究名著，此誠為美國未有之創舉，亦余妻永生無上之光榮也。」[16]倒是很可以看出蔣深以宋美齡為榮為耀的心情。

16 蔣中正日記，一九四三年一〇月十五日。

一九四三年七月四日，宋美齡載譽歸國茶會照片（檔號：002-050113-00002-263、270）

夫妻同心，其力斷金

開羅會議是中國戰時外交的最高峰，宋美齡陪同蔣中正遠赴開羅出席高峰會議，與英、美領袖平起平坐，備受禮遇；折衝於外交政壇，力爭中國戰時與戰後的權益，這些都是國家大事，但很有意思的在《愛記》中有很長的一段在記敘開羅會議時期的情形，為什麼會記在《愛記》中呢？下面將《愛記》這段紀錄中與宋美齡有關的摘錄出來，細細品味下，可以感受到在這樣一個重要的國際高峰會議中，宋美齡以帶病之身舌戰邱吉爾、情商羅斯福、折衝陳納德與馬歇爾、說服霍浦金斯，「所談皆全精會神，未有一語鬆弛」，蔣中正對此既銘感於心，又憂憐不已，而「夫妻共商精討，庶不誤事，亦惟此方足以慰藉征途憂患之忱也」，短短幾句話中，點出了於公於私，宋美齡對於蔣中正的不可或缺，置於《愛記》中真正是再恰當不過。

〔一九四三年十一月〕五日，曰：「妻近日心神不安，故目疾、痳疾交發，痛苦甚劇，蓋智慧超凡者，其感覺病症亦最靈，是以其痛苦亦甚於常人也，奈何！」七日曰：「妻病痳與目疾，恐難速愈，彼實為國為家集中心力於此一點，以期完成革命也，惟其心急憂甚，故病劇增，奈何！」八日，曰：「晚與妻談，美國陳納德與史迪威二人意見甚深，互相暗鬥，此應設法調解之。」十四日，曰：「妻痢疾已痊，而目疾未見進步，無任憂慮，此總由妻憂憤之故，應使之心神寬裕為第一也。」十八日，到印度阿柯拉，曰：「夫人皮膚病復發，其狀甚苦，至深夜二時方熟睡，殊堪憫也。」十九日，到克拉蚩，曰：「本日夫人目疾略減，而皮膚病濕氣為患更劇，以氣候轉熱關係也，惟有默禱上帝，保佑速痊。」二十日，晚，以飛機往開羅，在機上，曰：「晚餐時，見夫人目疾與精神較昨為佳，方甚快慰，不料夜間在機上，其皮膚病復發，且甚劇，面目浮腫，其狀甚危，幾乎終夜未能安眠，以左醫生新來，不知其體質，誤用其藥乎？心甚憂慮。」二十一日，晨，在機上曰：「昨夜吾妻誤服藥劑，不能安眠，幸今晨病勢漸減，可慰！」上午，到開羅，曰：「先為夫人覓醫驗病。」晚，曰：「夫人此次帶病同來開羅，一面感慰，一面憂憐。」二十二日，上午，曰：「十一時，邱吉爾來訪余，與談一小時，其間與吾夫人談笑不斷，彼首問曰：『你平時必想我邱某是一個最壞的老頭兒乎？』吾夫人答曰：『要請問你自己是否為壞人？』彼曰：『我非惡人。』吾夫人曰：『如此，就好了。』其言多為吾夫人所窘也。」下午茶會，見吾夫人與之應酬，問答之有禮，工作之辛苦，若非見此，不能想像其為國貢獻之大也，余乃因此可以少談話矣。」二十三日，下午，曰：「與馬歇爾詳談至日暮。」晚，曰：「應羅斯福之宴，詳談至深夜十一時。」二十四日，午，曰：「馬歇爾來談，余以對蒙巴頓計畫根本反對之意告之，彼甚動容。」傍晚，曰：「霍浦金攜羅斯福所擬此次會議聲明書草案交吾夫人，徵求余之意見，余完全同意，以其所言者，完全照余昨晚所提議之要旨也，因此益覺羅氏對華之誠摯精神，決非浮泛之政治家所能及也。」二十五日，上午，曰：「今晚在羅斯福寓照相，羅謙讓，推余坐中位者再，余堅辭，乃自坐其右側，邱吉爾則坐其左側，最後邀吾夫人同坐，共照一相。晚，曰：「今晚與吾夫人詳商要求美國借款與經濟協助方式，夫妻共商精討，庶不誤事，亦惟此方足以慰藉征途憂患之忱也。」」又曰：「今日吾妻自上午十一時往訪羅斯福商談經濟回來，直至晚間霍浦金辭去，在此十小時之間，幾乎無一息暇隙，所談皆全精會神，未有一語鬆弛，故至晚十時，見其疲乏不堪，彼目疾未愈，皮膚病又癢痛，而能如此，誠非常人所能勝任也。」

在蔣日記十一月三十日上星期反省錄中，對開羅會議做了一個總結：「本週在開羅逗留共為七日，乃余登外交舞臺之第一幕也，其間以政治之收穫為第一，軍事次之，經濟又次之，然皆能獲得相當成就，自信日後更有優美之效果也。此次各種交涉之進行，言論態度與手續皆能有條不紊，故其結果乃能出於預期之上，此其間當有二因，其一為平時之人格所感應之效，其二為余妻洽助之力，而其為余任譯與佈置之功更大，否則當不能得此大成也。東三省與臺灣澎湖島為已經失去五十年或十二年以上之領土，而能獲得美英共同聲明，歸還我國，而且承認朝鮮於戰後獨立自由，此何等大事，此何等提案，何等希望，而今竟能發表於三國共同聲明之中，實為中外古今所未曾有之外交成功也，然今後若不自我努力奮勉，則一紙空文，仍未足為憑爾，其將如何自強，如何自勉以將來和平會議中關於我國最艱難之問題，最重大之基礎，皆於此開羅會議之數日中，一舉而解決矣。」值得玩味的，是蔣把一段紀錄放在十二月六日的「雜記」中，「此次開羅三國公報成立之經過應有補述之必要，當成立以前三國代表提出討論時，以英國賈德幹辯難最多，尤以對於朝鮮獨立問題，堅立不提，而其對東北問題亦只言日本應放棄滿洲為度，而不明言歸還中國，後經我代表亮疇力爭，美國代表亦竭力贊助，乃將原案通過，惟關於夫人參加會議一段終被削去，羅總統乃有不滿之色，然此無關大旨，我方表示贊同，乃即將全部文字通過，於是開羅會議從此乃告結束矣。」而在《愛記》十二月六日一段中則用了以下的敘述：「關於我夫人參加會議一段，終被削去，羅總統表示不滿之色，我與夫人認為小事不計，實則我夫人之雅量，可嘉焉。」

最能幹的領導人蔣中正和他的傑出夫人宋美齡

宋美齡對於婦女工作、社會工作的投入，有相當大的動力源自於她的宗教信仰，耶穌基督「信、望、愛」的精神，是她走入人群的支持，是她號召同儕的力量，是她堅持奮鬥的信心，是她永不放棄的勇氣。蔣、宋婚後，面對的不僅是個人的出處發展，更是整個國家的內憂外患，宋選擇了堅強的與夫婿並肩作戰，而且發揮她的天賦與長才，幫助他的夫婿推動各項建國工作。一九三四年蔣中正在南昌發起新生活運動，宋美齡是最堅定的支持者，除了陪同蔣深入社會推動各項活動，她更邀請教會領袖參加籌備工作，衛理公會傳教士長孫威廉就曾在南昌其住宅主辦茶會，招待當地三十多名教會人士，宣導教會對新生活運動的協助和推廣，宋美齡發表講話，強調新生活運動宗旨與教會的目標存在著一致性；並將《新生活運動綱要》譯成英文，送各國傳教士寄給國外的傳道部。[17]婦女佔了中國一半的人口，是社會安定不可或缺的力量，一九三六年二月在新生活運動總會下增設新生活運動總會婦女指導委員會，作為推動一切婦女工作的總機構，其下又分設中國婦女慰勞自衛將士總會，及戰時兒童保育會，此三會在當時有「三姊妹會」之稱，[18]從事慰勞、

17 鄧文瑩，〈宋美齡—基督教——新生活運動〉，《文史資料選輯》第九十三輯。
18 行政院新聞局編，《兒童保育》，頁十四。

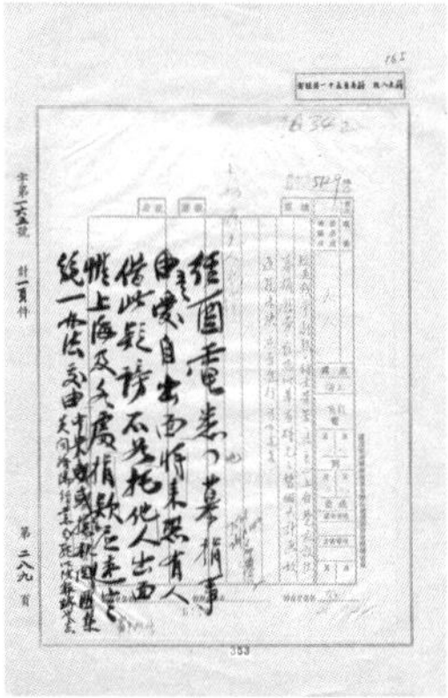

一九三六年十一月二十五日，宋美齡為綏遠戰事募捐慰勞電及蔣中正批（檔號：002-020200-00025-165）

救濟、宣傳、救護、兒童保育、戰地服務以及生產工作，這些都由宋主其事，蔣在日記中經常對於宋的投入給予最高的評價，表達最深的謝忱。一九三七年二月二十一日，「夫人對歐美廣播新生活運動意義，人多稱許，余心甚慰喜也。」一九三七年十月六日「妻辦事太多，疲倦最甚。」十月二十八「妻由滬來會，其前在赴滬途中傷勢已漸愈，心始安。聞彼談上海各國司令對我軍撤退計畫之成功與閘北仍留孤軍奮鬥之英勇敢死精神，言時英國司令為之聲淚俱下，敬仰我軍不置，嗚呼，畢生革命精力與苦心，至此漸顯乎。」十二月十日「妻為伴侶覺我憂患，而百計為之消解憂愁，甚感也。」

一九三八年一月號《時代周刊》以蔣、宋作為封面人物，評選他倆為一九三七年「時代年度風雲人物」，並指出「一九三七年，世界上最引人注目的國家是中國。在陸地，在海洋，在天空，中國人和入侵

一九三八年一月三日，蔣中正、宋美齡做為TIME雜誌封面人物

的日本人展開了殊死搏鬥，在這個關鍵時刻，領導這個國家的是一位最能幹的領導人蔣中正和他的傑出夫人宋美齡。」

關於宋美齡在戰時的工作，有許多的報導與專文介紹，在這裡想敘述的是蔣中正是如何看待宋美齡的這些努力，在蔣日記中有許多記載：「吾妻昨日收容一個難童，似為其一日工作最大之收穫，可知難童孤獨無依者之如何苦痛也，惟有於戰後報答而已。」[19]「巡視傷兵收容所，所長無識游滑，污穢不堪，苦我傷兵，痛恨之至，幸有余妻代為監察，聊得自慰也。」[20]「回渝參加婦女獻金運動，妻之奮興提倡，一日竟得六十三萬六千餘元之數，此為婦女界破天荒之佳條，足以自詡於世界矣。」[21]「昨今二日妻往衡

19 蔣中正日記，一九三八年九月三日。
20 蔣中正日記，一九三八年十月十三日。
21 蔣中正日記，一九三九年三月五日。

陽、邵陽親自分別代余慰問傷病官兵，已可感激，而其對傷兵之誠心，所賞給之食衣，皆必由其親自料理，絲毫不苟，更為佩感也。」[22]「四時在市政府約集中外人士茶會，觀新六軍四維劇社幼年平劇，此演員皆為九年前夫人所收容之難童，今已長大能演劇矣。」[23]「下午與夫人同往第九一後方醫院慰問，傷痛兵斷肢殘趾，無任悽愴。有一士兵對余訪問曰緬甸受傷以後，就有鑵頭號波蘿蜜吃，現在亦想吃此物，余乃送以昨日由京新到之荔枝，不知其能可口否？」[24]彷彿可以看到一個深愛妻子的男人，帶著關愛的眼神、感謝的心情，迎接著為了他、為了他的事業、為了他的王國而忙碌的女人。一般人常認為蔣、宋所做的一切都是為了打造他們自己的聲譽、威信，但細細品味這些話語，是不是可以從政治、公務之外，感受到其中屬於人性面的溫暖雋永？與屬於兩人婚姻世界中的深情對白呢？

其迫切情緒，幾乎甚於自我

一九四九年政府遷臺，一九五〇年一月十三日宋美齡自美國返國，用行動支持蔣中正「反共復國」的決心，四月十七日創辦中華婦女反共聯合會，再次團結婦女，動員婦女力

22 蔣中正日記，一九三九年十一月三日。
23 蔣中正日記，一九四六年五月二十七日。
24 蔣中正日記，一九四六年五月二十八日。

量，鼓舞三軍士氣，協助安定社會，使全國婦女參與反共建國復國的大業。「妻往基隆慰勞由定海撤退來臺之國軍將士，至夜始回。聞將士身心皆甚強壯，軍容極佳為慰。……前草廬入浴後，往基隆接妻回寓。」[25]「三日來，妻每日至基隆，領導婦女歡迎由舟山來臺各部隊，自朝至暮，終日辛勞，全軍官兵精神更為欣慰矣。」[26]在世人看來，這時的中華民國退守孤島，風雨飄搖；對蔣中正而言，這更是他在人生的谷底；但宋美齡依舊能維持著堅定的信念與積極的態度，夫妻兩的精誠互助更加堅定。「夫人為前方士兵生活寒冷與苦痛之呼籲禱告，其迫切情緒，幾乎甚於自我。上帝有靈，必能鑒察吾人之苦衷，援助國軍勝利，解脫我官兵之苦楚也。」[27]這正是前面所說宗教信仰給予宋美齡的力量，而她也如同她自己所說的：「我就把我所知道的精神園地，引導丈夫進去。」夫妻同心，對蔣而言自然是離亂中最大的安定力量。

在蔣的日記中，記載了不少宋美齡來臺後的工作，例如鮮為人知的，宋美齡在一九五一至一九五二年間擔任過遊擊委員會主席，一九五一年四月十五日：「正午與妻車遊淡水，商討美員對於游擊協助機構之組織系統，彼等心急好功，不易相處，應慎忍之。」七

25 蔣中正日記，一九五〇年五月十八日。
26 蔣中正日記，一九五〇年五月二十日。
27 蔣中正日記，一九五〇年二月二十一日。

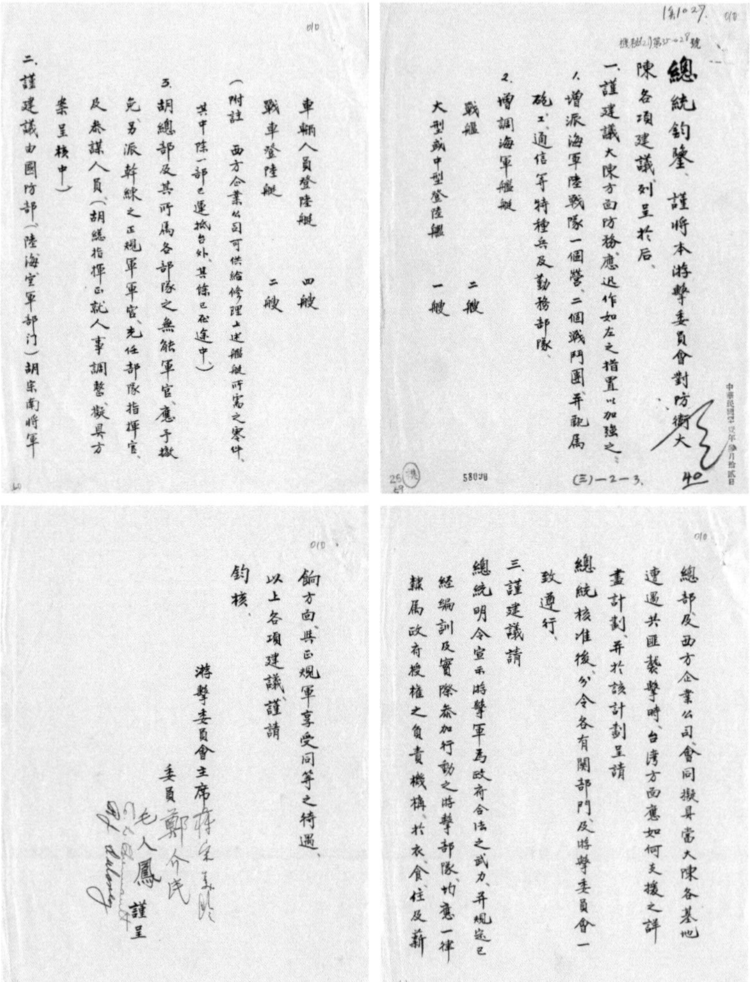
總統鈞鑒、謹將本游擊委員會對防衛大陳各項建議列呈於后、

一、謹建議大陳方面防務應迅作如左之措置以加強之

1. 增派海軍陸戰隊一個營、二個戰鬥團并配屬砲工、通信等特種兵及勤務部隊

2. 增調海軍艦艇

戰艦 二艘

大型或中型登陸艦 一艘

車輛人員登陸艇 四艘

戰車登陸艇 二艘

（附註 西方企業公司可供給修理上述艦艇所需之零件、其中除一部已運抵台外、其餘已在途中）

3. 胡總部及其所屬各部隊之無能軍官、應予撤免、另派幹練之正規軍軍官、充任部隊指揮官及參謀人員（胡總指揮已就人事調整擬具方案呈核中）

二、謹建議由國防部（陸海空軍部門）胡宗南將軍總部及西方企業公司會同擬具當大陳各基地遭遇共匪襲擊時、台灣方面應如何支援之詳盡計劃、并於該計劃呈請

總統核准後、分令各有關部門及游擊委員會一致遵行、

三、謹建議請

總統明令宣示游擊軍為政府合法之武力、并規定已經編訓及實際參加行動之游擊部隊、均應一律隸屬政府授權之負責機構、於衣食住及薪餉方面、與正規軍享受同等之待遇、

以上各項建議、謹請

鈞核、

游擊委員會主席

委員 鄭介民

毛人鳳

謹呈

一九五二年三月十二日，宋美齡等呈蔣中正游擊委員會對防衛大陳之各項建議（檔號：002-080102-00101-010）

月八日「本晨朝課後，與妻往淡水游擊訓練班，訓話約一小時，點名後，回蒔林禮拜。」在檔案中還看到游擊委員會規劃過大陳島的防衛措施。

一九五二年七月十七日：「妻在寓召集防癆會，討論本省防癆計畫也。」一九五三年十月七日「開常會通過本黨婦運指導會組織章則，派夫人為指導長。」一九五四年十一月十日「十時與妻同到中央黨部，妻為婦女指導委員會主任，本日初次出席中央常會，對於黨務之發展，當有重大影響也。」一九五五年一月，大陳島居民一萬八千餘人撤退來臺，遺孤難童數百人極待救助，宋美齡創辦華興育幼院，收容離鄉背井的大陳義胞子弟及國軍烈士遺孤。十二月二十三日蔣記：「與妻到婦聯會參觀『華興育幼院』（即大陳義民子女）兒童為聖誕節表演光武復國紹劇，並由美十三航空隊發給各童玩具為歡也。」一九五五年七月三十日「晡妻召集衛生指導委員會，余乃參加旁聽，以促進臺省衛生事業之進行。」一九五六年一月十四日「晡與妻視察婦女之家成立紀念後回，晚宴日籍教官。」一九五六年五月二十六日上星期反省錄「夫人發起捐建軍眷之舍四千棟事，已有半數以上認捐，其成績與進行情形甚佳，此為兩年來時用懷念，而未能實施之事也。」二十八日又記：「妻約軍眷建舍委員會各委，商討捐建眷舍計畫與組織。」一九五九年十月九日：「夫人往基隆海軍醫院，冒雨慰勞病兵。」透過這些隻字片語，也許無法看到宋美齡在公務上全面的作為，但確實可以看出她所做對於蔣的幫助和支持。

英文稿仍由夫人澈底核修，方得安心

「本日手擬令稿，處理大小事件約三千餘言，除妻之外無一人能為余代負一分責，代用一分心，政府高級文武眾多如此，其能為作戰努力，視公如私，視國如家殊不多見。」[28]這是在抗戰初起時蔣日記中的一段話，一方面感嘆軍政人員的不夠敬業，一方面感謝宋美齡的分憂解勞，類似這樣的文字，在蔣的日記中經常出現，不禁令人好奇，這麼大一個國家，這麼高一個位置，蔣的身邊真的沒有一個可用之人嗎？檢討起來，這當然與當時國家體制的不夠健全，人才培育的不夠完備，也與蔣的性格、脾氣有關，但這裡不擬對這些多所著墨，只想透過蔣日記的文字，看一看宋美齡這位無所不在的賢內助，到底為蔣做了些什麼？

同盟作戰時期，經常需要與英美元首或軍事將領函電往返，或是草擬談話內容、準備討論文件等，凡是重要的英文稿件，基本上都由蔣中正授意，宋美齡親自研擬，或是由相關人員擬稿後經過宋美齡修改，在蔣日記中多次提到宋美齡代譯英文稿的情況，一九四二年一月一日「下午本擬赴黃山休息，乃因英緬又扣留我新到之物資，與上次所扣之物資迄

[28] 蔣中正日記，一九三七年八月三日。

未開封，憤激無已，英人之狡獪誠不可以言喻，乃由妻草擬抗議書，併發電知照美國表示事態之嚴重性，迄夜尚未完畢，故不能休息也。」可以想見其中句斟字酌，所耗費的精神與時間。一九四二年十月十一日「妻代擬致謝羅斯福與邱吉爾各電，對羅電稿尤佳也，美國之獨立廳自由鐘為我幼年所最羨慕之歷史，而今竟為我國獨立自由發生直接影響且由我本身親歷而得之，可不自重乎。」此時美、英主動表示願意簽訂中美、中英新約，廢除不平等條約，美國並在十月十日中華民國國慶日敲響自由鐘為我祈福，蔣因而專函致謝，正因為「自重」，蔣對這一回信特別重視。

不止是同盟抗戰時期，戰後國共內戰時期，美國駐華大使赫爾利、杜魯門總統特使馬歇爾先後介入國共和談，許多地方都必須靠英文溝通，許多文件都必須字斟句酌，這些事，蔣往往也只能信任宋美齡。一九四六年九月二十九日蔣日記中有這樣一段：「回寓再審核譯文，託夫人將原文對照，發見錯誤甚多也。下午重修宣言稿，屬大維往問馬歇爾原稿各點之用意，乃知其以為發表宣言之後即時停戰，關於整編方案另議也。此與余所想者完全不同，余認為必待各種問題協議以後方得停戰也，乃將宣言稿重新表明先協定而後停戰之意。」可以看到譯文中可能因一字之差，文意失之千里；也可能因為外交人員未能充份瞭解蔣的想法，以致翻譯失真；在這一點上，宋美齡確實是最能體認蔣的心意，理解蔣的想法，進而正確表達於文字。

絕非他人所能助我者也

一九四九年政府遷臺後，宋美齡在外交工作上扮演的角色益形重要，無論是蔣致函英美領袖、接見外國官員、發表重要文告、乃至接受外國記者訪問時，都可以看到宋美齡的身影，而蔣日記中也透露了許多重要的訊息。一九五三年十一月美國副總統尼克森訪臺，蔣、宋全程陪同，蔣在十一月十四日上星期反省錄中記：「本周大部時間都為接待尼克生之來訪，與其正式談話四次，共有十小時之多，……整理談話紀錄，夫妻皆費心不少。」十一月二十一日上星期反省錄：「與尼克生談話錄英文譯稿之修正，妻之費心甚苦，若非其認真修稿，則此次談話之效果，必不能獲得如此之影響。」二十二日又記：「正午約亮疇、伯聰來寓，與妻商討聯合聲明英文譯稿，妻自起草，至十五時後初稿方成。」一九五五年一月一日上星期反省錄中蔣記：「元旦文告幾乎六易其稿，直至卅一晨最後定稿，妻為譯稿，亦盡二晝夜之心力，但譯文更好。以美國與我訂盟後之第一文告，中外注目而著筆亦難，故特別鄭重也。」此處所說的「美國與我訂盟後」指的是一九五四年中美共同防禦條約的簽訂；蔣對於自己的演說一向珍而重之，經常對幕僚所起文稿不滿，一改再改，這一年元旦文稿六易其稿，其重視度可見，而能夠有「譯文更好」之評，是蔣對宋這二晝夜的心力完全的肯定。一九五五年十二月八日：「本（八）日十時半公超與藍欽來訪，即開始談話，……今日談話幸妻參加，凡公超所不敢譯者，皆從旁補正無遺，而以毫無所求，並指美此種中立政策，將為其最大失敗之種因也，為談話之重點。」民國四十四年（一九五五）正是美國欲強我放棄金馬，這一年七月二十五日美國與中共分別在華府與北京簽署一份「聯合公報」，將領事級談判提升為大使級談判，美國自不願臺海戰事擴大或延續，但這一中立姑息的態度為蔣中正所不能接受，在折衝樽俎之間也唯有宋美齡能夠將蔣的真正心意完整傳譯。一九五八年五月六日：「近日以電視講稿準備為忙，……朝課後，續校電視稿直至十時開始電視，妻為翻譯，預定卅分時為限之時間，不料停頓修改竟延至三小時方畢，此為首次嘗試，余不知其手續如此麻煩耳。」這一電視訪問是蔣接受美國國家廣播公司（National Broadcasting Company, NBC）錄音訪問，隨後在五月二十五日播出，主持人說國府軍隊漸老、熱忱消失，問蔣在沒有大戰或美國直接支援下，國府能否以武力克服中共？蔣回答時強調：國府的力量「是以人民反抗共匪殘害的意志和力量為基本。……並不需要世界戰爭，或美國的直接參與。」被視為是當時中華民國「待機反攻」的重要文宣，訪問全場皆由宋美齡居中翻譯。一九六五年六月二十七日上星期反省錄中記：「審修『美國新聞與世界報導』雜誌之問答，頗費心力，又屬夫人審研與督閱，亦費時一星期之久。」蔣中正多次接受《美國新聞與世界報導》等新聞媒體的訪問，都是希望透過外國媒體，宣傳中華民國在臺灣的穩定與發展，宋美齡在其中或扮演傳譯的角色，或

一九六一年七月三十一日，甘迺迪總統與尼克森副總統在白宮會見陳誠（檔號：008-030604-00015-003）

扮演審研與督閱的角色，可說是責任重大。

一九六一年七月底陳誠副總統訪美，攜帶了蔣中正給甘迺迪總統的一封親筆信，內容主要是談中華民國在聯合國的地位以及外蒙古入會問題，蔣在七月二十八日的日記中寫著：「上午修正覆甘函稿，並為辭修準備交涉談話之資料，妻為修改覆甘英文函稿貢獻頗多，此乃為辭修訪甘之唯一要件也。」陳誠於八月十三日返臺，八月十四日甘迺迪致書蔣中正表達美國希望中華民國不要否決外蒙入會，蔣於八月二十六日函告甘迺迪稱：「設能易地而處，當知鄙國實無復選擇之餘地。閣下明達，當能鑒其苦衷。」

這信的稿子應當是沈昌煥擬的，蔣在八月二十五日記：「與昌煥談覆甘函最後定稿，彼等中、英文皆不合理想為念。下午再作最後修正定稿，其英文稿仍由夫人澈底核修，方得安心。」二十六日又記：「正午約辭修、雲五、岳軍、昌煥、劍虹，再將夫人修改英文稿核對斟酌修正，乃作最後之核定，即令用電發出，惟其發出後，正文稿呈閱時，仍以最重要之詞意未能表達，此等外交主官不惟英文低能，而其中文亦差，所謂『教的山歌唱不響』，可歎也。」

蔣中正對於自己外語能力上的欠缺，一直耿耿於懷，開羅會議前後他就曾多次感慨：「自苦不學英文，而又無英譯好手為困也。」[29]「上午修改覆羅電稿，最後決定即令譯發，中文與英文之體裁，與中國與外國之心理習慣如此之差別不同，稍不留神即敗及公事，往時中國政府為此而失敗者不知凡幾矣。」[30]一九六三年三月十六日的日記中也有一段沉痛的反省：「不懂英文，不識外語，以遺終身之恨，而受無窮之欺，此乃少年不自努力，以致今日老大徒傷悲也。如果自十六歲自鳳麓學堂學習英文繼續不斷，則此生事業或早已完成亦未可知，以許多重要大事皆誤在不學英文，而為譯者所誤與所欺耳。」[31]耄

29 蔣中正日記，一九三七年八月三日。
30 蔣中正日記，一九四三年十二月二十三日。
31 蔣中正日記，一九六一年八月反省錄。

耋之年的蔣中正為什麼又有如此感慨？從日記中可以看到在三月十三日記著：「覆甘之函譯稿由外交部交呈，乃交夫人審核，認為幼稚不能用，乃由其自行修補，至深夜方畢。」十五日又對覆甘函英文字句加以審核，：「『繼之以堅決行動』一語，再三考慮，認為不妥，最後乃改『行動』為『措施』，方得安心。」十六日又補記前一日英文稿的修正：「昨（十五）日又因對覆函稿英文字句加以斟酌，最後一句中文，『皆有賴於閣下此一偉大貢獻也』，英文則仍以妻稿『必有重大貢獻』原句不改亦可也。此一英文函稿皆由夫人盡二日夜之力，全以我中文原稿之意，而以英文格式意譯而成，認為其得意之作，絕非他人所能助我者也。」

從這幾段文字中可以看出蔣、宋對於給甘迺迪總統的信真是到了字斟句酌，一字不能輕易改動的程度。但宋美齡在文字上的追求完美，卻導至了另一段波折，蔣在十六日接下來的敘述以及上星期反省錄的「續十六日記事」，提到了對後續轉達信函程序問題的不滿：「上午入府與岳軍、昌煥對覆函提出方式會商，決交由高立夫代表轉寄也，批閱公文後，回假眠，下午起床時妻以一字之不妥，擅令沈劍虹再由高代表處收回覆函改正，及余所知，已不及阻止，且沈徑由其直接向高索來改正，此乃對外又失了我政府不知外交手續之重要，甚為懊嗔。」「但事已至此，只有忍之，幸美國人亦無所謂，不在乎此。如其依照手續，則不應直交劍虹，而應交由我外交部方為合理，以此函本由沈部長面交於高也，高不應以毫無證明而即直交劍虹也，待其修正簽字後，令沈速即面還高代辦了事，而心中終不安也。」接下來就是那一段沉痛的自我檢討，蔣雖對程序上的錯誤「懊嗔」，何嘗不是因為「懊嗔」這一切不能操之在己的情緒轉化，偏偏宋的工作「絕非他人所能助我者也」，自然不能怪夫人的過份執著，只能自怨自艾「為譯者所誤與所欺耳」。從這段小插曲中，也可以看到宋美齡做為蔣中正公務助手的不易了。

若吾人不負十字架，則如何達成革命保種，救人救世之任務乎？

宋美齡對蔣中正的公務協助，可以說是全方位、全時段的，而特別值得一提的是，從他們的工作態度上可以看到虔誠的基督信仰。例如前面提到一九五三年尼克森副總統來訪，宋美齡不但負責翻譯、整理會談稿等等文書工作，更全程負責迎迓的籌備、接待的安排，蔣日記中提到，「妻來辦公室整理設備……。近日來妻為迎客，在家鋪陳，日夜督導，幾乎終日不休，甚以其體力不支為慮，但其精神甚佳也。」[32]一九五〇年代臺灣的局勢不穩，美國的支持與援助是當是迫切的需求，身為元首夫人，宋美齡當然有必要的責任，但全心全力投入，無怨無悔付出的背後，除了為丈夫分憂解勞的深情外，宗教的熱情

[32] 蔣中正日記，一九五三年十一月七日。

應當是相當重要的一股力量，從一九四五年十一月二十三日蔣宋的一段對話：「妻言對人下氣呑聲、低頭笑臉之苦痛，誰知吾人今日之處境，嗟乎。拯救如此大國，豈能如想像之易易者。若吾人不負十字架，則如何達成革命保種，救人救世之任務乎？」更可以體會到這種精神。尤其值得一提的是，宋美齡常分擔一些蔣不願、不想、不宜出面做的事，蔣日記中有不少的記載，十分有意思，摘取其中一些紀錄，雖然未必能窺全局，但足以看到蔣宋之間互動的配合無間。

一九四二年六月二十六日，「上午與史蒂華談話，彼稱空軍第十團又欲赴埃及增援，而置中國危急於不顧，心殊憤激，而不願表示於顏色使之自悟，余妻則面斥嚴訓不假辭色，亦甚當也。」史蒂華即史迪威，美國派駐中國戰區的參謀長，在同盟作戰的策略、對中國軍隊的掌控、與物資分配等方面與蔣中正有許多衝突和不滿，或許是基於禮貌，或許是不宜撕破臉，蔣雖然「心殊憤激」，卻不便表現於辭色之中，但當宋美齡「面斥嚴訓不假辭色」時，「甚當」二字真說盡了蔣的暗呼痛快。一九四五年十一月二十九日：「下午妻與魏德邁美軍在華殘餘物品之備價購讓價款，魏堅持現款，不肯稍減，妻以理力斥其忍心。別後魏乃自知理曲，始允如我政府所定辦法辦理。」魏德邁在抗戰後期接替史迪威擔任美國派駐中國戰區參謀長，戰後依舊握有美國剩餘物資的分配控制權，此時中國面臨戰後百廢待興的局面，希望美國以低價便利的方式將剩餘物資轉讓或轉售給中國，蔣中正身為國家領導者，也許低不下這個頭，在語言的運用上也無法得心應手，宋美齡「以理力斥其忍心」，無寧是適時適所的說出了蔣的心聲。

一九四二年宋美齡代表蔣中正赴新疆安撫盛世才，八月十九日蔣記：「逸民（應為一民，第八戰區司令長官朱紹良）由迪化飛來商議，余赴新或盛來甘皆不妥，以迪化機構已有俄國之驅逐機駐在也，最後決由妻代我赴新傳達意旨，以壯盛膽，亦所以慰之也。」盛世才當時控制新疆的軍事、政治，號稱「新疆王」，原與蘇聯、中共交好，但一九四二年三、四月間，新疆情勢動蕩，盛世才有意傾向國民政府，八月間蔣中正巡視西北各地，宋美齡同行，而安撫盛世才，處理新疆問題也是蔣此行的目的之一，蔣文中清楚的表達了當時新疆情勢的詭譎，部下皆以為蔣不宜深入虎穴，但盛世才又不能不安撫，因此只好請夫人宋美齡出馬，由朱紹良和毛邦初陪同，於八月二十九日飛新疆，逗留三日，代表蔣中正任命盛世才為新疆邊防督辦，同時兼任新疆省政府主席、國民黨中央監察委員、國民黨新疆省黨部主任委員、第八戰區副司令長官等職務，授意盛世才「肅清新疆共黨」。由於此行成功拉攏了盛世才，才有次年盛世加入國民黨，並表示「矢志擁護中央，盡忠黨國，絕對服從領袖」。蔣中正在該年九月反省錄中記：「河西、新疆、綏西與寧夏現狀實情，由此次西北之行，益得明瞭，有助於建國計畫固矣，而吾妻獨飛迪化，以安盛氏內向之心，尤為難能也。」這樣的當機立斷，代夫出征，確實不是一般婦女所能有的巾幗風範。

同樣的情形也可以在一九四五年宣慰東北一事中看出。抗戰勝利後，蘇軍藉〈中蘇友好同盟條約〉進入東北接收，次年一月宋美齡代表蔣中正赴東北慰問，二十日蔣記：「送妻上飛機，彼代余慰勞在東北之俄軍與我東北同胞也。」二十二日：「夫人今日已到長春，慰問東北民眾與慰勞俄軍。」二十六日上星期反省錄：「夫人飛長春慰問我東北民眾與俄軍之計畫已經完成，此亦一要務也。」二十七日宋回到重慶，蔣又記：「夫人五時後回渝，此行收獲甚大也。」看起來只是平淡的紀錄，但瞭解那時的歷史狀況，就知道戰後東北形勢異常複雜，蘇軍佔領東北後，遲遲不肯撤軍，百般阻擾國民政府接收東北，暗中掩護共軍大舉出關，國、共、蘇三方在東北的較量爭奪非常尖銳。一九四六年一月張莘夫事件[33]剛發生不久，接收人員人人自危，蔣在一月十九的上星期反省錄中感慨：「本周心神悒鬱，愧悔無時或已：一、受盟友之輕侮與扼我之吭。二、受協商會共黨及其走狗之誣辱與要脅種種。三、受俄軍之威脅，營口之失陷，而其延宕東北撤兵日期，最足使人憂慮

33 一九四五年日本投降後，張莘夫被國民政府任命為經濟部東北行營工礦處副處長，負責東北工礦接收事宜。一九四六年一月七日，張莘夫奉東北行營經濟委員會主任張嘉璈之命，赴蘇聯紅軍佔領的撫順，交涉接收撫順煤礦事宜。一月十六日晚八時，蘇軍有關人員會同當地中共警察來到撫順煤礦事務所，向張莘夫申述撫順煤礦不能接收，要求張莘夫一行速返瀋陽。當夜九點左右，專車行至距撫順二十五公里的李二石寨站時，張莘夫一行被人用刺刀刺死。

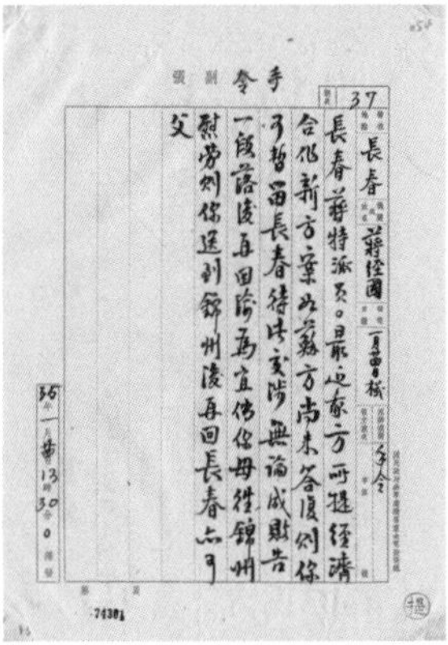
手令 副張
37
長春 蔣經國 一月廿四日 手令
長春蔣特派員。最近東方所提經濟合作新方案與蘇方尚未答復則你可暫留長春待其交涉無論成敗告一段落後再回渝為宜你母往錦州慰勞則你送到錦州後再回長春亦可 父

一九四六年一月二十四日，蔣中正電蔣經國令其送母親到錦州後再返長春（檔號：002-080200-00304-054）

也。」東北的情形危疑可見，但在這樣的時刻，蘇軍不能不慰勞，接收人員不能不鼓勵，東北民心不能不安撫，而蔣中正身負規劃接收復員、坐鎮指揮全局的重責大任，又實在不宜輕言赴東北，宋美齡自然成為不二的代理人選。宋美齡的東北之行，雖然並沒有挽回國民政府在東北接收的困境與頹勢，但，宋在這樣的時候做此一行，其勇氣與支持丈夫的心意是值得肯定的。有一段當時同行的記者所做的回憶：「飛機停好了，機門一打開，一股霸道的冷風，衝門而入，全機艙裏的人都感到非常的不舒服，但堅毅勇敢的蔣夫人，竟然昂首挺立，滿面春風的走下飛機，與歡迎的人群們握手。」[34]筆者曾於一九九四年冬季到長春，一出機門就像走入了大型的冷凍室，鼻水就忍不住流了出來，劉毅夫的描述一點也不假。宋美齡的「滿面

34 劉毅夫，〈勝利後隨蔣夫人去長春〉，《傳記文學》總第二七一號（一九八四年）。

春風」，固然是她長久以來發之於內的雍容華貴，又何嘗不是對丈夫的承諾、對家國的責任，對「若吾人不負十字架」宗教情懷的體現呢！而在宋美齡此行短短數日中，蔣中正函電交馳，念念於宋的「玉體如何」、「是否如期回渝」，對隨行的蔣經國更是一再交代，也可以看出蔣的繫念。

第六章　生活的伴侶

蔣中正是一個軍政領導者，無論是早年東征、北伐，中年抗戰、戡亂，晚年在臺領政，都可以看到他的強勢作風；而宋美齡無疑也是一個強者，無論是在外交砧壇上、在社會大眾前，她的風華與鋒頭都能夠與蔣中正平起並坐，配合無間。但一段婚姻的美滿幸福，靠的絕不是個人的成就與價值，最重要的還在於夫妻之間的配合經營，與生活上相處的水乳交融，前面敘述過兩人婚姻中半世紀如一日的愛戀情懷，也可以看出兩人都在努力經營這段婚姻，那麼在生活中是怎樣的呢？蔣、宋這樣兩個強人在生活上也能夠配合無間嗎？在蔣日記中可以看到他與宋美齡的兩人世界，在生活中交流彼此的感情，培養相互的默契，相依相聚近半世紀，真正是攜手一生的生活伴侶。

山水之間寄情養性

蔣中正一生喜愛遊山玩水，宋美齡個人的喜好不是太明顯，但看起來婚後在這方面也能完全配合。蔣日記與《五記》中的《愛記》、《遊記》隨手拾來都可以看到兩人的遊蹤，而蔣中正檔案中所留下的照片也可以看到兩人攜手共覽河山的點點滴滴。一九二八年一月二十日：「下午陪三妹游總理陵墓後，登萬福林，風景絕佳，思有以改建也。回途遊明孝陵及第一森林場，皆得佳趣。」同年九月返鄉探親，《愛記》記：「九月七日，晡，與夫人自上海搭船歸奉化，……九日，與夫人同游雪竇山，晚，宿妙高臺新屋，曰：『清靜極矣，妻亦安眠，其病霍然，余心更慰！』十日，同游隱潭，午食於隱潭廟，膳肴，公與夫人同作者也，公曰：『自作之食，其味無窮，而妻亦樂甚，鄉人觀之，必以吾夫婦為若癡者也。』」蔣在日記中更詳記：「由仰止橋至山麓北行，崎嶇特甚，而岩石奇異亦甚也。行約四里至潭前。其潭頂岩屋與前數次來時更覺奇偉，瀑布亦更高也，約有五丈餘數，可愛也。潭上石筍高約十餘丈。妻指此為中正，余以為然也。遊覽約半小時，徘徊不忍舍，乃由余家灣經隱潭廟。在廟與妻自為烹調，其味無窮，而妻亦樂甚，鄉人觀之，必以為余夫婦若癡也。」一句「必以為余夫婦若癡也」，點出兩人忘情山水之樂。

對蔣、宋兩人來講，遊山玩水有時是為了解憂忘愁，更多的時候是在遊山玩水之間思考軍國大事，但不管目的何在，宋美齡都是他身邊重要的存在，而且能夠真正的分享他的心情與志向。在蔣日記中常可看到在軍事倥傯之際，或是政務繁擾之時，他每每抽一日或數日悠遊於林泉之間，一九二九年中央與地方爭執四起，各軍事派系關係緊張，蔣巡視北平、天津、山東之際，每攜宋出遊，「四時後由泰安出發，登泰山，九時始達玉皇頂峰，即登日觀峰，與孔子小天下之頂眺望，四際無涯，乃記二句曰：天空氣清，心曠神怡，難怪當時孔子之誇眩也。玉皇頂東南一間餘屋，陰涼可人，余與三妹熟睡二時餘，幾不知有人間事矣。」就算不是專門出遊，兩人在公務旅程之中也頗能自愉，一九三二年十月二十七日：「正午乘楚有艦由漢溯江上駛。休息後登艦上遠眺秋水雲天，風日清和，心曠神安，計畫武漢要塞運路圖，畫成，晚在艦中與妻談笑，聊補蜜月之行，一樂也。」但也不是每次出遊都可以忘憂，抗戰軍興之後，一九三七年十二月南京淪陷，國府遷都重慶，十二月八日：「晨起在三峽澗南亭吸納無限清氣，靜聽泉音如在仙鄉，戰時得此休暇，考慮全局設計存亡成敗之道，非此不可也。十一時往秀峰，十六時與妻同游黃崖寺塔山，風景雖佳，終不克滅消存亡之慮也。」一九四二年間世界戰局瞬息萬變，同盟作戰諸多限制，五月十三日蔣記：「晚宿黃山，以近日憂憤無已，略思休養，且以煩難苦悶中處理瑣事，強制太甚，故與妻同來以資調治也。」可以看到休暇時刻夫妻同遊靜心沉慮以作全局設計的用心。一九四二年八月二十一日：「正午在清澗濯足野餐，乃久不能得之趣事，本在澗西，陽光甚烈，不易敘餐，妻乃脫襪出腳涉水過澗，在山壁之下清談並食，其樂幽閒無比。」這樣的野趣無疑是蔣夫妻兩少有的私密空間。一九四三年十二月六日：「正午與妻在聽江亭聚餐，愛日之下，食量頓增。」一九四七年九月二日：「正午到黃龍潭野餐，瀑

一九四七年，蔣中正伉儷遊廬山黃龍潭留影（檔號：002-050101-00009-152-157）

聲古樹仍不能滌盪我憂患，惟妻煮菜余炒飯，甚覺難得之樂事也。」更是道盡患難中夫妻之情與生活之趣。

抗戰勝利後蔣巡視西昌，一九四五年九月二十九日蔣記：「面邛湖，背瀘山，古木茂林，日暖氣清，離鄉八年有半，今又得遊如此勝境矣。晡與妻便衣散步於湖濱，談笑自得。」二十九日又記：「來此修養已一日，心曠神怡，夫唱婦隨，老年夫婦益覺其美而愛矣。……妻謂汝來此並非休息，熟知余此來比之平時之思慮與工作更為迫切而急要也。他日統一如能告成，或得之於西昌遊程中也。」昔日諸葛孔明觀魚游而知兵，蔣亦雅好此道，每每在遊山玩水中觀察地勢，思考全局，宋美齡說蔣並非休息，正是對蔣的深刻瞭解和體貼；而蔣說「老年夫妻」，此時蔣五十八歲，宋四十八歲，此後他二人還有三十年相互扶持、相濡以沫的夫妻生活，雖非此時可以預見，但字裡行間透露出兩人之間的默契與深情，確實是讓人有老夫老妻的感受。

只要夫能知樂，則余任何景地皆樂也

前面說過，宋美齡對於蔣樂山樂水的習性不僅知之甚深，而且充分配合，一九四八年二月蔣、宋在舊歷年間到廬山待了十八日，詳細情況此處不多敘述，但蔣日記中有兩段記載非常有意思，二月十四日的上星期反省錄：「本週特來廬山作舊曆度歲之休假，本擬耶誕節登廬，乃以總預算案及其他要務臨時中止。是後一月半之間，忙碌更甚，不克抽身休養，直至舊曆除夕，始偷閒撥冗，以償前願。最初三日，雪滿日暖，遊覽考慮，意態甚樂，身心皆泰，夫妻伴遊更覺快慰。去歲夏秋間之特殊辛勞，七個月來未有如此三日之欣快也，惟星期三日下午，忽受感冒，而且初發甚劇，甚歎人生良辰美景之不易多得，亦不能完滿無缺耳。」二月二十五日返牯嶺，次日蔣記：「昨日十九時回到牯嶺，沿途風清日和，鳥語泉鳴，風光景色，怡娛自得，比前更深。乃與妻曰：『登廬十八日，有此半日之清閒享受，不負此行矣。』妻亦樂之無窮，彼曰：『只要夫能知樂，則余任何景地皆樂也。』」「只要夫能知樂，則余任何景地皆樂也」，宋美齡的這句話，實可以為蔣宋婚姻生活中的夫唱婦隨做最好的詮釋與說明。

一九四九年遷到臺灣後，雖然反攻復國之業一直是蔣盈繞心頭，未能達成的宿願，但整體而言整個的生活步調是比較和緩的，蔣最喜歡的幾個景點包括桃園角畈山、臺中日月潭、高雄澄清湖，在日記中都經常出現，在其中看到蔣夫妻之間、親友之間的互動，更覺溫馨可愛。如一九五〇年十月二十七日：「午餐後，與妻同遊『溪內』瀑布，舊日地名為『宇內』，約離角畈七公里。途經霞雲鐵索橋（約五十公尺長）時，妻行至橋中不敢前進，但亦不便後退，此乃其平生惟一之難境乎？卒以冒險鼓勇，緊握侍從手臂再進，居然到達彼岸。續行半小時，乃至溪內警察所駐地，其瀑布即在對面也，余獨自前進至溪內村下，沿途觀瀑，終未能澈底，以其瀑短（短十丈）而粗，瀑腳散放澎湃，不易窺察其究竟耳。想念第三隱潭（雪竇山）與茶溪（浙江溪口）之金井、龍潭名瀑，直而美麗，不可同日而語。但臺省竟有此瀑，殊為可貴，雖其身短而粗，然亦不失為勇猛放蕩之戰士乎。回途，以余與當地村長講話時，妻已先行，後余趕至橋邊，則彼已渡過對岸相待。問其如何過橋，則彼祕而不宣也。余謂其或由侍從背負而過此橋乎？彼不承認，終未如其究竟如何過來耳。」從蔣的年譜和日記看來，此似為來臺後兩人第一次出遊，五年之後蔣、宋重訪瀑布，一九五五年五月二十一日蔣記：「午後三時半與妻出發，往溪內重訪瀑布，因雨水欠缺，故其形勢痪弱，遠不如往日之雄壯矣。妻過霞雲鐵索橋時之行態，令人好笑不已，於是上午所有憂愁頓消矣。」

又如蔣喜歡賞月，尤其是在明月之夜或是凌晨時分遊湖賞月，日記中就常出現宋美齡陪同蔣在中秋次日賞月的紀錄，因為「舊曆八月十六日為我故鄉之中秋節，此乃寧波風俗（不以十五日為中秋）之特例。」[1]蔣認為「舊曆八月十六與十七二晨，實為中秋最明最圓之月景，皆是賞月最好之時光。人知中秋之夜賞月為樂，而不知中秋翌晨之賞月為更樂更美也。」[2]這年的中秋他們在日月潭，「前一日晨與經兒遊湖，後一日晨與愛妻遊湖」，蔣詩興大發，九月二十二日日記中記：「此實一生難得之境遇，故時誦『此生此夜不常好，明月明年何處看』，以及『星辰冷落碧潭水』，與『數點漁燈依古峰，斷橋垂露滴梧桐』等句，不禁欣悲係之，乃口占一聯稱『天地山河靜，身心日月明』，聊誌余家有賢母、良妻、孝子、順孫之一生幸福也。」不到日月潭，在官邸一樣可以賞月，一九六〇年九月五日：「今晨五時與夫人起床觀月，皓魄當空，大地靜寂，無異仙境，靜觀二十分時寶鏡西沉，即為觀音山顛峰所掩，天亦拂曉，余始照常朝課。今為舊曆七月十五日，如無潤六月則中秋矣，想念故鄉墓廬，思親不置，未知何日果得還鄉掃墓賞月。」次日「今晨乃五時起床，靜觀月明如鏡，泉聲如琴，天籟成瑟，白雲成湖，此景此情乃非此地此時不能領悟也，人心樂趣無踰於此矣。」

---

1 蔣中正日記，一九六六年十月三日。

2 蔣中正日記，一九五六年九月二十二日。

蔣中正、宋美齡、黃君璧攝於溪內（檔號：002-050101-00016-138-001p）

臺灣的好山好水，見證了蔣宋兩人之間的許多生活小樂趣，這些生活樂趣，也常與師友親朋分享，一九五一年八月十一日「與妻及黃君璧[3]畫家往遊溪內，六時前起程至八時後方歸，瀑布如故，山水愈明，歸途白雲明月，悠悠自得，上山以來出遊盤桓此為第一次也。」一九五六年七月二十八日：「十一時後與妻帶熊、虎[4]等往溪內觀瀑布，以大雨之後，其瀑更為雄壯可觀，留戀不已，余自廿年前在南京紫霞洞野餐，手炒蛋飯後久不作此，今復重試，並未退減，其味更美，同食者贊美不絕，且全部食光也。」一九六三年十月二日：「今為中秋節，晚宴後與庸之

3 黃君璧，原名允瑄，本名韞之，號君璧，廣東南海祿舟人，當代國畫大師。與張大千、溥心畬以「渡海三家」齊名；宋美齡曾師事黃君璧學習國畫山水。

4 熊、虎指宋伯熊與宋仲虎兩兄弟，為宋美齡幼弟宋子安的哲嗣，小時常往返於美國與臺灣，來臺時多住於士林官邸，與蔣、宋關係密切，蔣日記中經常出現「熊、虎」之名。

兒[5]在亭邊大樹下觀月，今夜月圓如鏡，風和氣清，實為賞月之佳節也。」一九六六年十月三日上星期反省錄：「與經兒、勇孫在日月潭泛舟觀月與聽鐘聲，殊為平生不易常得之樂事。」

其藝術天才如此，可慰

說到黃君璧，就會想到蔣夫人宋美齡的國畫，宋美齡雅好國畫，一九五〇年開始師事黃君璧、鄭曼青兩位大師，最初或許只是喜好而已，但她越畫越認真，廢寢忘食，畫藝漸為成長，張大千居住臺灣後，也曾收宋美齡為關門弟子。有趣的是，一度宋美齡繪畫被外界認為是鄭曼青代筆，為了改變這一看法，宋美齡出面請臺灣有名的畫家一起到士林官邸吃飯，飯後大家一起作畫，在眾目睽睽之下，宋美齡從容繪畢，從此，再沒有人懷疑宋美齡畫的真偽了。蔣中正對於宋美齡的這一天分十分欣賞，常為她的畫題字，在蔣日記中大量出現這方面的記載，一九五〇年十二月七日：「晚為妻題翁叔平山水畫幀，頗覺自得也。」八日又記：「晚餐後，晚課畢，在妻書房休息，談寫字用筆之法。」一九五一年七月十日：「夫人之畫進步甚速，可喜。」十五日又記：「妻畫進步極速，畫竹尤為勁

5 庸之，孔祥熙，字庸之，宋美齡大姐宋藹齡之夫婿，孔家是與蔣宋關係最密切的家庭。

蔣中正揮毫為夫人畫作題字（檔號：002-050113-00008-123-001p）

秀。」八月八日：「晡觀黃君璧畫瀑布，為夫人題畫六張，聊以消遣也。」八月十八日：「日間休息時，不斷前往妻之畫室，觀其所畫雪景，形容畢肖，其字亦大有進步，其藝術天才如此，可慰。」一九五二年二月二十一日：「晚餐後，為夫人題畫十張，頗費力也，近日夫人畫工進步，朝夕不息，自覺其得此藝術，為天父特賜之恩澤，故其欣幸歡樂之情緒真有手之舞之足之蹈之之感，此殊為從來所未有者也，特記之。」一九五四年十二月十九日：「晚膳後，為夫人題畫（春、夏、秋、冬）四幅，幸未脫誤，自覺精力勝常也。」繪畫、題畫、品畫，無疑的是他兩人生活中的重要愛好與趣味，其中還有一個小插曲，一九五二年三月九日蔣記：

「餐後與妻車遊淡水，彼以余催行甚急，故其畫搞壞，甚不樂也。」似可看到宋嘟起嘴嗔怪蔣的模樣，夫妻生活中的親密與樂趣躍然其中。蔣、宋也邀請著名畫家到士林官邸對宋的作品進行點評，在餐桌上畫家們談古論今，飯後茶餘一起揮毫潑墨，其樂融融。或是在招待外賓的餐會中欣賞蔣夫人的畫作，蔣並且當眾揮毫題字後親贈外客，舉座皆歡。

蔣中正與蔣宋美齡也喜歡到當時位在臺中霧峰的國立故宮博物院看畫；一九六五年故宮博物院遷至臺北後兩人也曾前往。在蔣日記有不少記載，像一九五四年十二月九日：「與妻乘車至臺中之霧峰附近故宮文物儲藏室參觀古畫，前後約三小時。」一九五五年十二月十二日：「十時前與妻出發再到霧峰故宮博物保存室，參觀古畫與故宮玉器，午膳畢，上機回臺北。」一九六一年二月九日：「下午與妻參觀運美展覽之古物，余所贈獻於古宮博物院之毛公鼎，亦在其內。」一九七一年九月五日：「哺與妻往博物館觀顏真卿與米芾與懷素等字帖，忽想起，如果臺澎基地為共匪所陷，則中國數千年來所有文物、菁華，皆將化為烏有，余認為余本身早已決心與基地共存亡，則此古物亦將與之俱盡，何足介意？然深信上帝保佑正義，決不使之如此也。」

車遊散步聊舒憂慮

筆者曾用了許多時間整理抄錄蔣日記，也曾經訪談過不少蔣的侍從人員，如果有人問，蔣宋兩人生活中最常做的事是什麼？我想無論是侍從人員或是筆者，都會回答：「車遊散步」。什麼是「車遊散步」？就是蔣與宋，偶而也有蔣與其他親友、部屬坐車繞行某處一圈「兜風」，可能到了一個地方真的下來散散步、走走路，也可能就是坐在車上兜兜風。樓文淵先生說：「講到這個車遊散步，老先生跟夫人車遊散步是經常性的，休閒的時間，兩個人聊聊天，看看風景，有事的時候，趁著散步兩個人互相商議。會有這個習慣有多種原因，早年的時候，現在大家家裡都有冷氣了，那時候陽明山和官邸都沒有冷氣，所以坐車子出去轉轉。早年的車子裡面也沒有冷氣，到了景觀好的地方，像山區啊，窗子搖下來，吹吹山上的風，兜兜風，所以叫做『兜風』。」[6]可見蔣宋在臺灣車遊已成為經常性的，甚至是例行性的活動，擔任龍頭侍衛的應舜仁提過：「坐車子出去了，有大圈、小圈，小圈就是住陽明山的時候，從陽明山到北投、到士林，轉一個圈，這叫小圈，差不多四五分鐘左右就回來了。如果大圈呢，就是從陽明山到北投，到淡水，那個忠烈祠大圓環，都從那邊再轉過來，差不多一個鐘頭。如果再大一點走哪裡呢？走麥克阿瑟公路，到基隆、走金山、野柳、淡水那邊回來，那起碼一個半鐘頭多，到兩個鐘頭差不多要回

[6] 樓文淵先生發言，侍衛眼中的老先生座談會，二〇〇六年九月八日上午；中正紀念堂管理處，「蔣公侍從人員口述歷史訪談計劃」口述抄本。

來了。」[7]至於蔣中正何時開始喜愛「車遊」？從蔣日記中看似乎最早是在一九二九年：「下午與愛妻雨中車遊解悶也。」[8]但也不能確定是否真為第一次車遊？如果不健忘，似還記得兩人新婚當日就「禮成後同乘車遊行」，不知這算不算兩人第一次「車遊散步」？不過，可以確定的是，翻閱蔣日記中，確實有許多有關「車遊散步」的記載，有時只一句「晡，與妻車遊」[9]，有時則對車遊或散步的路徑、風光、談話內容有深入的記錄，有時兩人出遊外地時也同樣會車遊散步，在此僅從中截取一些片段，略窺兩人生活中的情趣。

一九三一年十月十四日：「與妻散步，由陵園別墅起，直至紫霞洞麓，患難中得此雅逸，聊舒憂慮也。」一九四一年十一月三日：「今日為余舊曆生日，午約知友十人聚餐，餐後與妻外出散步，頗覺足以自娛也。」一九四六年八月七日：「與夫人並肩散步，采花移樹，甚覺自得也。」一九四六年九月十一日，「與夫人至松林路（即朝陽徑，先名夕陽徑）緩步賞月，幽閉靜明，山光月色，無異步入仙境，實為近年來最快活的生活也。」

7 應舜仁先生發言，應舜仁、樓文淵口述訪談，二〇〇六年五月十七日下午；中正紀念堂管理處，「蔣公侍從人員口述歷史訪談計劃」口述抄本。
8 蔣中正日記，民國十八年十二月十五日。
9 蔣日記類似的記載極多，每年計算都不下五十次。

一九四七年一月二十四日：「批閱公文後，與妻車遊湯山，沿途欣賞雪景，夫妻情愛久而彌篤。」一九四七年七月二十日：「晚課後車遊，與妻談天，惟此一點略解整日之苦悶也。」一九五〇年六月八日：「昨晡，審閱革命與自由篇稿，重加修正。尚未著筆，以妻事忙多悲，乃與之車遊士林、北投，轉前草廬入浴。」一九五一年十一月十四日：「晚課後，與妻車遊淡水，月白風清，忙中偷閒，一樂也。」一九五二年三月七日：「昨晡夫妻同來大溪，晚課後聚餐，在月下散步。溪上林中，月白風清，幽閒清靜，頗覺自得。」一九五四年四月八日：「晡與妻車遊左營，經海濱要塞公路而回，再在海濱並肩散步，水碧沙淨，在潮濕之沙上步行，夕陽初沉，潮聲寬和，乃覺無慮忘憂，為樂如此。」一九五四年十一月二日：「晡在家與妻閒談，靜聽音樂娛樂，以傷風不能出外車遊也。」一九五五年二月二十六日：「與妻遊陽明公園，觀櫻花消遣，以近日事忙神倦，藉以休憩也。」一九五七年九月九日：「昨晚膳後，與妻散步至後公園魚樂園池畔閒坐，觀月忽隱忽現，但有時圓明清澈亦甚足興賞，在池畔吟賞月古詩，約半小時乃回。」一九六一年三月四日：「晡與妻徒步登上慈湖，水光山色澄清倒影，在忙中閒遊，其景如入仙境矣，循湖邊沿深溪依田埂步行，山路起伏坎坷不覺疲勞，約行三刻時，登上公路岔口，乘車回慈湖，入浴。此為近來夫妻徒步遊山玩水，心神最怡愉之一日也。」一九六八年八月九日：「十時後與妻往遊武陵農場，先至璟山苗圃營房巡視，聽簡報後再至農場遊覽，三條新橋已成，此處真為桃源之勝景，夫妻攜手徘迴，不忍舍也。」一九七〇年二月十三日：「以心緒煩悶，乃與妻車遊巡視基隆路，仍污亂如前，應力促其速修也。」即或到一九七二年蔣中正心臟病發病，無論是在榮總醫療時，還是回到士林官邸後，從侍從人員口中得知「車遊散步」仍偶而進行。「是余南庚（醫生）、夫人陪同，這個第一次，坐了車到圓山飯店看聖誕節的燈火，那他是感覺非常的高興。那天車子我們開得很慢，給老先生看，因為老先生將近住院兩年了，這個能夠出院，還能夠坐了車看燈火，那他已經是很高興了。」[10]「那些人真是很關心啊，看到老先生車子出來散步，身體很好，大家就很開心。我記得有一年雙十節，老人家車子到總統府去巡視一下，『唉呀！老先生身體好！』，按照習慣，雙十節大典完了，他都會坐了車，到總統府看一下，路上經過一下，有時候到圓山轉一下，他高興的時候會這樣。」[11]「那時候榮總回來以後，他散步還是散步，怎麼散步呢，就坐輪

---

10 陳宗璀先生口述訪談，二〇〇六年六月七日上午；中正紀念堂管理處，「蔣公侍從人員口述歷史訪談計劃」口述抄本。經查蔣病後第一次自醫院坐車外出散步應為一九七三年十月三十日，當時尚未出院，但當日身體狀況較好，因此，到圓山飯店繞一圈，看臺北市萬家燈火，歷時三十六分鐘。與訪談內容略有出入。

11 池蘭森先生口述訪談，二〇〇六年六月十七日上午；中正紀念堂管理處，「蔣公侍從人員口述歷史訪談計劃」口述抄本。

椅啦！」[12]可以看到無論是解憂舒心，考察市政，還是徒步遊山玩水；無論是在南京、重慶，還是在臺灣；無論是新婚、中年，還是病中、老年，「車遊散步」都是蔣、宋生活中不可或缺的調劑與夫妻共同的美好回憶。

燈下用餐對奕，爐前調薪弄樂，平淡中見真情

一般的家庭生活，總離不開廚房、臥房與書房，蔣、宋也一樣。在蔣的日記中，可以看到不少夫妻兩私密生活的描述，一個小動作，一兩句對話，勾勒出夫妻之間平淡中見真情的生活意境，讀來頗具興味。

一九三二年十二月二十四日，耶誕夜，蔣日記記著：「下午，會客後即於三時上車來滬。十一時半到滬，妻盛裝整室相候，敬禮如賓，欣慰快樂，惟願上帝保佑其病速愈也。」此時日軍進攻熱河，戰況不佳；國民黨正召開三中全會，內部紛擾；蔣暫離軍政要務，赴滬過耶節，心中的憂煩自然可見，車行緩慢，十一點到才到上海家中，「妻盛裝整室相候，敬禮如賓」，代表了家的溫暖，妻子的溫柔，這不正是征人最大的慰藉與期盼嗎！次日蔣日記又記：「昨夜晚眠，故今晨宴起，戒之。上午，讀聖經，禱告耶穌，並紀

12 應舜仁先生發言，應舜仁、樓文淵口述訪談，二〇〇六年五月十七日下午；中正紀念堂管理處，「蔣公侍從人員口述歷史訪談計劃」口述抄本。

念岳母，唱聖詩篇。正午，家宴，其樂雍雍，妻病亦漸愈也。」雍雍者和睦融洽，就是這樣簡單的家庭生活，讓蔣覺得其樂雍雍。一九三九年八月十九日《愛記》有這樣一段記錄：「近日朝起時，吾妻常勸我起牀太早，曰：『夫君，老完，老完，盍不多睡片刻，稍節勞苦。』余聞之，心甚感焉！夫世之真愛者，無踰於妻之愛其夫之篤也，其情其景，豈能形容而得哉！」這一年正是抗戰艱苦之時，內外交逼，蔣以身繫天下之安危，操煩自然可以想像，也只有宋的枕邊軟語能緩解一二，這尋常夫妻間的溫馨片段，蔣一句「其情其景，豈能形容而得哉！」道盡個中滋味。一九四二年四月二十一日：「傍與妻散步後，同在新茅廬靜坐觀月，幽樂無比。晚餐後又在西廊與妻坐娛風月，其樂無涯。」一九四五年十月十二日：「寸心鬱結不知所云。七時事畢，回林園會客酬應，疲憊異甚。晚與妻談心，夫妻之愛，篤於一切也。」對蔣而言，只有這樣的夫妻談心，坐娛風月，才是真正放下自在之時，也可以看出蔣宋兩人的默契與鶼鰈情深。

　　戰後回都南京，蔣夫妻間多出一種生活樂趣，那就是「對弈」，弈的是跳棋，夫妻兩常在睡前對弈數局，在日記中常可看到，一九四六年九月二十九日：「晚課後與夫人對弈二盤，一輸一贏也。」一九四七年五月七日：「與妻下棋勝利，記事。」一九四八年一九四八年二月十日：「晚課畢，用餐對弈，記事。本日略有雅逸之意。」二月二十三日：「晡與妻略出散步，晚餐後與妻對弈，爐前閒話，其樂無比。」筆者好奇的以手中較完整

一九五〇年三月二十九日，蔣中正與宋美齡對弈跳棋留影（檔號：002-050101-00013-077）

的一九四七年日記做過一次概略的整理，發現關於弈棋的紀錄有二十四次[13]。到臺灣後，這一樂趣也沒有停止，一九五〇年二月二十三日：「餐後與妻下棋，記事。」不過次數似乎沒有那麼頻繁。筆者找到一張照片，是蔣宋在下跳棋，蔣經國在一旁陪侍，時間是在一九五〇年的三月二十九日，回頭去查日記，看到蔣當日記載：：「昨晚課後，經兒為其母祝壽家宴，武、勇二孫以幼稚未能參加，其餘家人皆團聚一室歡宴。流亡臺灣，尚能團敘天倫，上天賜我亦云厚矣，

13 根據不完整紀錄，分別出現於一九四七年一月二十三日，三月十五日，三月十七日，三月二十日，三月二十四日，三月二十五日，五月七日，六月二十六日，六月二十七日，八月二十七日，九月六日，九月二十二日，十月十三日，十月二十五日，十月二十六日，十一月二日，一一月四日，十一月十八日，十一月二十日，十一月二十三日，十二月四日，十二月九日，十二月十一日，十二月二十一日，十二月二十四日。所謂不完整紀錄，一是因為筆者抄錄未必完整，二是因為蔣未必記載完整，但以這樣的數字來看已算相當頻繁。

一九三八年一月，蔣中正與宋美齡對弈象棋留影

能不感謝。餐後與妻下棋，一敗二勝。」圖文對照，別有趣味。

很有意思的，在一九五三年八月十六日蔣有一段記載：「與夫人對奕跳棋消遣。近日以目疾不癒，切思戒閱文書，總想學習（洋牌）「克難思跌」消遣，但以其數字複雜不能耐學，故只有下跳棋耳。」「克難思跌」指的是拉美橋牌（Canasta），宋美齡頗長此道，但顯然蔣無法配合。一星期之後的八月二十三日還有另一段記載，「以妻咳嗽甚烈，余亦望消遣養目，故與妻學習『廿一點』牌數回，仍覺無興趣，不能忘卻閱讀也。」看來蔣對於需要計算的玩意兒沒有太多的天份，只好下跳棋了。在照片中還看到過蔣與宋下象棋，但在日記中並未有這一紀錄，似乎只是為了外國雜誌訪問而特別拍攝。

蔣日記中多次提到「調薪弄樂」，宋美齡自小習琴，蔣多次讚賞過宋的琴詣，想象一下，寒冬時節，壁爐中燃著熊熊薪火，聽著愛妻的悠揚琴韻，這是何等享受。一九四六年二月二十三日「晚課畢，聽妻鋼琴，頓覺幽靜，未聞其音者已十餘年矣。」一九四八年二月十九日「晚餐後，夫妻在爐前閒話，余斜身假眠，妻加薪調樂，音韻幽雅，爐火熊熊，神經寬鬆，欠呵頻乘，不覺憂心全消，漸入夢鄉，此乃憂患中難得之樂境也。」次日又記：「餐後與妻對弈三局後，爐前偶談。斜眠、生爐、聽樂，夫妻之樂最難能也。」其實，真正讓蔣中正放鬆心情的不是薪火與琴音，而是宋美齡的相知相伴，一九四九年二月十四日蔣日記記：「晡妻在旁，為我縫衣補鈕，鍼線女紅之精巧，比之文字思想更覺難能而可貴。以現代之女子，求其文字高深者尚易，而求其能鍼線與文字全能者，實未見也。夫妻在爐前對話談心，其樂無窮，病體亦忘其疲困矣。入浴後，妻為我擦身敷藥，盡心竭力，以求我病之速痊也。」縫衣補鈕本是家居常有的小事，擦身敷藥也是夫妻間應有的關懷，只因為兩人的相知相惜，小小的生活細節也增添了情趣與深意。一九五六年十二月十一日蔣記：「晡與妻遊湖觀月約一小時為樂。妻問余平生何一時期為最樂。余以為自幼年有知識之後，即受塾上學以來，就未得一日之快樂，直至最近一年中，略感苦中之樂，此或得修養有得之趣也。」蔣將之稱為「修養有得之趣」，或許出於儒家教育下的自持，筆者倒認為蔣這段日記的語氣中真正透露出的是他對夫妻間生活的心滿意足與對宋美齡的知心之言。

信仰靈修的伴侶

一般都知道蔣中正接受基督信仰，主要是受到宋母倪桂珍和宋美齡的影響，蔣在向宋母求親時答應一定好好閱讀聖經，之後他確實做到了這一點，從婚後一直到逝世，幾乎沒有一天不閱讀聖經，並進而接受基督教義，成為虔誠的基督信徒。有關蔣的信仰筆者另有一本《蔣中正的信仰寄情》小書，在此不多贅述，所想要一提的，是蔣、宋共同從信仰中得到的慰藉，可以說是他們婚姻生活中重要的一環。宋美齡對蔣中正而言，不僅是相依相慰的妻子、生死與共的同志，也是信仰靈修的伴侶，也可以說，在他們的婚姻中不僅僅是夫妻之愛，革命之愛，也充滿了耶穌基督「信、望、愛」的大愛。

在訪問蔣中正侍從人員的時候，常常會聽到一致的說法：蔣公跟夫人的睡眠時間很不一樣，但是每天早上，夫人都會起床陪蔣公一起晨導。有的時候晚禱也會一起。[14]宋美齡在她所寫的文中也提到：「每天清晨六時半，我們一同祈禱，一同讀經與討論；每晚臨睡前，我們也一同祈禱。」[15]在蔣的日記中也有許多類似的敘述。一九四一年六月十日：

---

14 王正誼、秦孝儀、朱長泰、何占斌等都有過類似的說法，中正紀念堂管理處先總統蔣公侍從人員口述歷史訪談計劃。

15 宋美齡，〈祈禱的力量〉，《蔣夫人思想言論集：論著（一）》（臺北，中央文物供應社，一九六

「本日早起，與妻共同禱告，求降霖雨，今果降雨半小時，使我民少蘇，慰藉無已，天之為吾人造福者如此，不可更自敬慎乎！」蔣、宋在禱告中經常為特定的事情祈求上帝，向前面所說的祈雨就經常在蔣的日記中出現，三十日該月反省錄中蔣自記：「本月余赤忱求雨，願全國、全川甘霖沛然，果自十八日至二十二日，全國各地輪流大雨，而以川東為尤大，此豈非上帝有求必應之救主降恩於余，而以余為其化身乎？吾願以一切光榮，歸於我天父矣。」不過大多數的時候，只是一種夫妻共同靈修的情境，夫妻間和睦的生活方式。一九四六年三月二日：「與妻來黃山休息，巡閱黃山一匝後，車遊郊外，至大興場橋折回。晚課後，與妻同唱讚美詩，夫妻恩愛久而彌篤，亦可以自驗德性日高，而天倫更樂也。」或頌讀、或默禱，都是獲得平靜喜樂的心靈活水源頭。

到臺灣後，也許是經歷了人生的大起大浮，也許是環境的變化，蔣對於信仰益加虔敬，宋美齡亦一如往昔的陪伴護持，在蔣日記中出現了更多兩人共同靈修、證道、分享的記載。一九五〇年一月十四日：「昨晡晚課如常。餐後與夫人讀〈上帝呼聲〉一章，夫妻共同禱告畢，就寢。」次日為週日，蔣日記上有一句話：「朝課，自本日起夫人共同禱告開始。」宋美齡一九四八年十一月二十七自南京搭機飛美尋求外交協助，一直到前日

六），頁二九五。

（一九五〇年一月十三日）始回到臺灣，當日晚上二人就共同讀經、禱告，也許次日一早宋未參加晨禱，故而十五日有「自本日起夫人共同禱告開始」之語。這一年中兩人的禱詞中充滿了對民族、國家、政府、人民的祈願，可以看出蔣內心澎湃不息的意志。二月五日：「今晨夫妻虔誠默禱，對上帝之懇求，語出肺腑，妻言更切，深信上帝彼必能鑒察而終不我棄也。」四月九日：「本日為耶穌復活節。六時起床，夫妻共同祈禱，使我民族、國家、政府、人民皆能重生維新也。」其中有一段記載頗有意味，三月十三日：「夫人調協陳、吳（陳誠、吳國楨）熱忱過度，余告其昨日之事，你已被欺上當，彼則欣然曰：只要於反共愛國有益，余雖被欺，亦所欣慰，余只要上帝知之而已。其神情態度幾乎如天真之孩童，可愛可佩。上帝賜余夫妻如此快樂和愛，強健不衰，雖在流亡失敗之中，亦歡悅無比，惟有不斷讚美耶穌同在而已。」十月三十一日：「六時一刻起床，與妻讀荒漠甘泉等書，默禱畢，朝課。朝旭古松射照，駐所窗明几淨，心神安樂，怡然自得，不禁感謝父神，今日誕辰尚有此良辰美景也。」從這些紀錄中，約略可以看出在撤守臺灣的困境之中，蔣、宋是如何相依相伴，依靠著信仰的力量，一步一步的走過這一回人生的谷底，這種體認與讚美終蔣一生經常出現在日記中，一九五五年十月三十一日蔣到角板山避壽，十一月一日蔣記：「晡陪妻至頭寮檔案庫房巡視後，再至山洞湖東邊山麓，相度地形，營建防空隱蔽室也。回途天朗氣清，紫霞紅雲，一片秋色，淨純無比，未幾皓魄東升，寶鏡懸

一九五一年七月十一日，祈禱會留影（檔號：002-050113-00006-175）

空，圓明光曜，實自遷臺以來所未曾見之美辰良景也，夫婦同車並賞，此情此景，在大失敗之後，竟能得此，若非天父宏恩，豈能再有今日乎？惟望一切榮耀歸於天父而已。」

蔣、宋也常透過證道、祈禱會等活動，將他們的靈修經驗傳播給周遭的親友部屬，這方面宋美齡比蔣中正更加的積極主動，許多的活動都是在婦女會，或是官邸舉辦的，不過這方面蔣也多給予充份的配合支持，並且對宋這方面的成就經常給予稱讚。一九五四年十月二十八日：「昨晡到婦女聯合會祈禱會，聽吾妻重生證道講話，甚覺感慰，其對靈修之進步與精神之安樂積極，實有一日千里之勢也。」一九六一年四月二日：「五時半起床，朝課

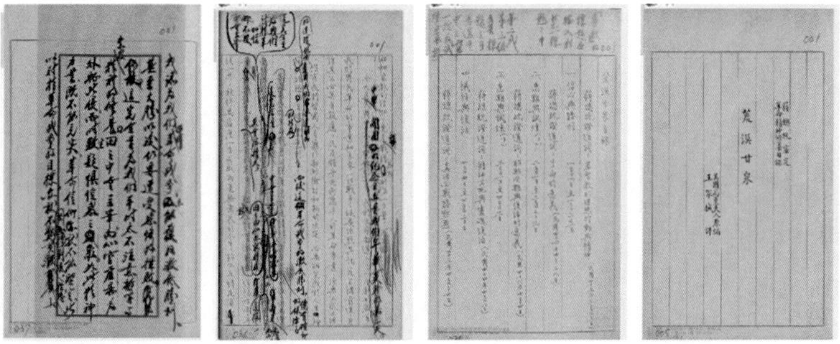

《荒漠甘泉》蔣中正親批親改稿本（部分）（檔號：002-141600-00020）

後，手擬復活節證道稿，自七時至十時完成，頗感如意。十一時在蒔林堂證道，妻亦以英語證道也。」

很多人都知道，蔣中正去世以後，在棺木中放了五本書，其中有一本《荒漠甘泉》。《荒漠甘泉》的作者是美國傳道人考門夫人，她與她丈夫曾一起在東亞傳教達廿年之久。這本書是她在丈夫重病時開始提筆所著，記錄了她的靈修生活，以及在苦難當中如何藉由基督教的禱告來獲得「盼望、忍耐與喜樂」。該書以日記形式書寫，其內文引言主要以《聖經》為依據，也引入了其他神學著作中的段句，並結合夫妻二人的見證和靈修生活。也許就是這種情愫使蔣中正特別喜愛這本書，他不僅請中央社的王家棫先生重新翻譯，親自修改潤飾，更重要的是他把他自己的證道詞放入每個月的月首，這無疑是與考門夫人一樣，蔣中正也把夫妻二人的見證和靈修生活心得放入了書中。周聯華牧師曾說：「在《荒漠甘泉》後面，每個月都有一篇證道，這個證道大部份是蔣公自己的證道詞。因為他喜歡

《荒漠甘泉》，也希望對別人有幫助。……印象中從我開始接觸以後，他每天都念《荒漠甘泉》，一直到過世。」[16]從照片中看到蔣親手在《荒漠甘泉》譯稿上的眉批與修改，也許我們可以說，《荒漠甘泉》是見證蔣、宋信仰靈修伴侶最好的紀錄。

16 周聯華牧師口述訪談。

第七章　卿需憐我我憐卿

在大多數人的心目中，蔣中正與宋美齡的形象都是光鮮亮麗，生龍活虎的，但細看蔣日記，其中有許多兩人生病時、消極時、頹喪時，相互照顧依恃的記載，這些少為人知的一面，也許正可以讓我們進一步瞭解兩人的婚姻，看到兩人真實的生活面。先拿一件小事來看，一九四七年二月六日蔣在日記記：「近日睡眠酣聲甚大，致妻不能安眠，此乃最近之現象，或亦較前心身交泰之所致乎。」十三年後，一九六〇年一月三日則記：「近日夫妻年老，皆眠聲大作，有時各因眠吼聲相互不能熟睡，故移於間壁，仍相通也。」筆者在陽明書屋工作時，曾親聆秦孝儀先生介紹正館二樓蔣、宋二人的臥室，秦先生說：看起來是一間很大的房間，晚上中間以厚重的簾子隔開，讓兩人有各自的休眠空間，白天拉開簾子就成為共同的生活空間。當時只覺得蔣、宋的作眠時間不同，這樣不失為折衷的方式。事實上，中興賓館建造是在一九六八年，看到這兩段「眠吼」的記載，才知道兩人臥室的設計用這樣的方式，原來還有此一段考量，更覺得有趣而值得一記。

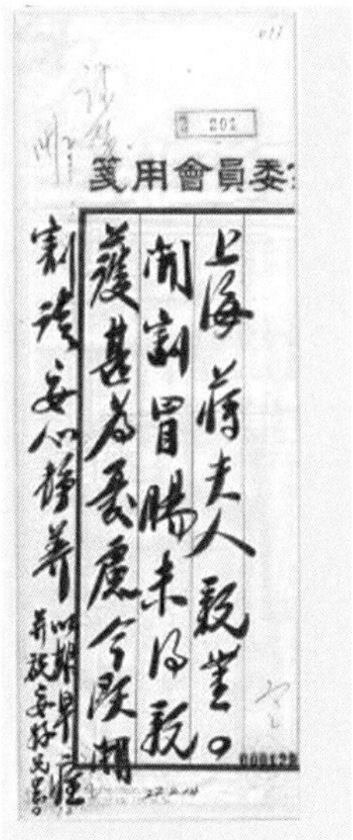

一九三三年二月十四日，蔣中正致宋美齡電（檔號：002-040100-00003-011）

憂慮之時，相愛乃益篤也

談到蔣、宋之間疾病相扶持，一般來說宋美齡是比較嬌弱多病的，皮膚、腸胃、肝膽都有宿疾，經常的發作；蔣中正在七十歲以前，除了牙痛和偶而的傷風頭痛之外，似乎真的沒有什麼疾病，但一九五六年之後蔣失眠、暈眩、攝護腺各種症狀反複出現，雖不至纏綿病榻，但也造成了他相當的困擾，在日記中經常出現相關的記載。這裡並無意記載蔣、宋的這些疾病，也無意涉及個人的隱私，只是想從蔣日記中略窺他們夫妻之間疾病相扶持的繾綣深情，見證倆人婚姻生活中真實的另一面，真正是「卿需憐我我憐卿」，雖在病中亦別有一番甜蜜滋味。

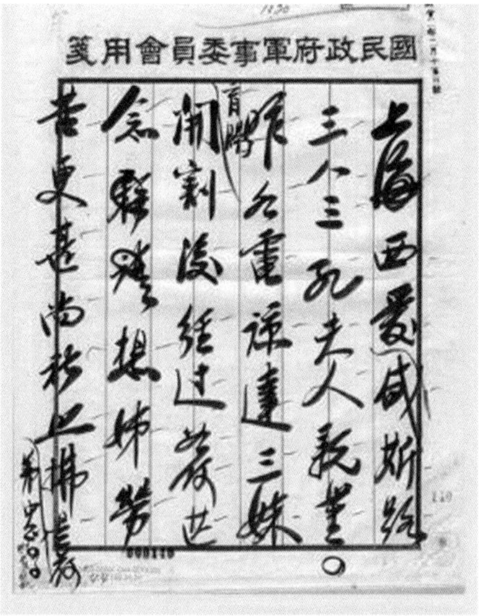
國民政府軍事委員會用箋

一九三三年二月十五日，蔣中正致宋藹齡電（檔號：002-040400-00001-044）

蔣中正對宋美齡的呵護在日記中隨處可見，從婚前交往開始，蔣就對宋的多病之軀掛念深懸，一九二七年十一月十日：「聞三妹有病，即往訪，形容枯瘦，其實操心過度，不勝悲憂。」婚後兩人不能經常在一起，但只要聽到宋生病，蔣總是一日數問，只要有空閒就陪侍在側，一九二八年七月三十一日，宋在上海有病，蔣「祇以五中全會事，不得離京視病，殊不安也！」八月四日得暇連夜赴滬訪妻病，留兩日方返南京，八月六日記：「終日以妻病，未得安心辦事也。」七日又記：「子文來談，妻有熱度，心憂更甚。」晚上「接妻電，知其病減輕，如獲至寶。數日來之愁悶苦痛，為之一掃。即復電慰之。」宋以病情反複，留滬休養，蔣十二日又趕到上海，「上午到滬後，即至岳家，見妻病略愈，此心始安，陪侍半日。……晚宿于岳家，妻病驚恐，心甚憂慮。」如果說這只是新婚的甜蜜，在蔣的日記中看到許多年後，蔣這樣的熱情亦未消減。一九三三年二月十四日宋美齡在上海割盲腸，蔣記：「今日妻割盲腸，繫念之至。」十四至二十一日間蔣連續電宋美齡、宋靄齡、宋子良、錢用和等電不下十封，詢問每日狀況。

此時日軍進逼熱河，蔣北上督軍，倥傯之際對宋雖懸念不置，每日只能強迫自己靜坐定心，二月十八日：「本日照常工作，妻病甚念，靜坐三次。」二月十九日：「近日心氣雖漸和平，然靜坐時不能精一不動，接物時不能敬畏勿忘，只因心有所逐也。」二月二十八日：「本日靜坐四次，照常課工作……，總不能定靜也。」直到三月十一日「接妻病痊電，甚慰也。」三月二十六日「本日十時半到浦口，渡江、會客，妻病後初見，甚為悲喜。」短短幾段道盡蔣的思念之情，「病後初見，甚為悲喜」一語，更見真情。

從蔣日記中可以看到，並不是只有蔣對宋單方面的掛念，當蔣偶染風寒時，宋的噓寒問暖也是讓蔣感念不置的，一九二七年十二月三日：「十時同愛回門，拜訪岳母……頭又作痛，吾愛慰藉略癒。」一九三三年六月十六日，「妻以余病，特自牯嶺趕到，可感也。」一九三四年二月二十三日：「本日傷風未痊，在床辦公批閱如常，妻護病保身，無刻不在心，無微不至，誠賢良也。」一九三四年八月十四日：「本日注射，體力甚乏，……妻侍病護疾，其憂勞益甚。」次日又記：「妻侍病護疾，憂勞異甚，其誠切實過於割肉療疾也。」在《愛記》一九三一年有一段記載，將蔣、宋二人疾病相扶持的情境描述得十分傳神：

三月九日，晚，念夫人，曰：「聞夫人在上海，聞余身體虛弱，幾乎終夜不能成寐，憂慮比其自身為尤甚，此其天性之至誠使然，可感孰甚！」十五日，夫人病，公坐房中不出，曰：「今日本約吳稚老游茅山，見妻病，不忍離去，竟失稚老之約矣。」連日為夫人病甚憂，曰：「憂慮之時，相愛乃益篤也。」

宋為蔣病而終夜不能成寐，蔣為宋病竟忽略了視為師保的吳稚暉之約，其中的婉約深情自然流露。令人想到一九三六年五月六日蔣的另一段日記：「下午到滬看妻病，其開割內症，始終不忍電我，今見乃知其症之危也。幸獲上天保佑，俾我夫妻得以相見，不勝感謝。」不忍所愛為自己牽掛，又是一番不同的心情，益可見證蔣「憂慮之時，相愛乃益篤也」之感。

心如懸罄，腦若蜂巢

一九三七年三月六日蔣日記一開頭就記：「妻之腦病恐成痼疾，應設法調治；……近日精神萎頓，心如懸罄，腦若蜂巢，急思休養，以免壞事，晚乘艦向上游。」在《愛記》中對這一段的描述：

三月七日，在游長江艦中，念夫人，曰：「吾病欲游江以資休養，而吾妻亦病，心尤憂憐，應與之同游養病。」言已，命艦轉而下駛，往上海，迎夫人。八日，到上海，見夫人，曰：「見妻病，甚憐，游長江，不如往廬山之尤得靜養也。」乃決定明日以飛機往。

此時對日和戰局勢膠著，對中共剿撫政策猶疑，宋美齡的身體狀況更讓蔣憂心，內外情勢交迫，國事家事紛擾，無怪乎蔣「心如懸罄，腦若蜂巢」，這雖是蔣一時自我形容之詞，但在許多時候蔣面臨宋的多病之軀，束手無策之際只能求之於上帝垂佑。

抗戰軍興，蔣肩負的責任更鉅，面對的問題更多，宋在這段時間竭力配合，不僅僅是賢妻良伴，也充份發揮公務上相輔相成的力量，無論是一九四三年的訪美旋風，開羅會議的參與協助，勞軍慰問的深入各地，婦女工作的全面推動，無不盡心盡力，但在這些風光忙碌之後，宋大病小病不斷，只是咬牙苦撐，不願成為蔣的任何負擔，這在本書「公務的參與」中已經提過，此處則重在蔣對於宋病體支離的感慨與心疼。一九四〇年九月二十一日蔣在上星期反省錄中記：「妻工作太猛，以致心神不安，腦痛目眩，繼之以背疼，牙病數症併發。渝無良醫，彼亦不願遠離重慶，以被敵狂炸之中，如離渝他往，不能對人民，尤不願余獨居云。此三年來，戰爭被炸之情形，其心身能持久不懈，實非其他金枝玉葉之身所能受，不能不使余銘感更切也。」也許有人會覺得，在抗戰時期絕大多數的中國婦女不是都一樣的固守家園，備常艱辛而無怨無尤嗎？這有什麼可大書特書的？但對身處權力高峰的蔣而言，抗戰三年來半壁江山淪失，身邊許多的人或怨謗、或反對、或猶豫、或遠離，相形之下宋的堅毅陪伴自然就顯得更加可貴。一九四一年八月十一日蔣有一段記載：「晚十時睡後，子刻起敵機又終夜不絕，連炸三次，余以妻病不忍令起床，自亦好睡，亦不願起避空襲，夢中但覺炸彈與機聲時起，震動寢室而已。」讀來在為這兩人的輕忽率性擔憂之餘，也為這分癡情感動。

由於宋的身體一直有狀況，一九四二年十月間蔣考慮送宋到美國就醫，輾轉反思，在日記中顯露無餘。十月二十七日：「妻體弱時病，未能發現病因，甚憂。」十月二十九日：「妻體弱神衰，其胃恐有癌，其可慮也，夜仍不能安眠。」十月三十一日：「晚決定妻飛美醫病，恐其有癌，不如早割也。」在上星期反省錄中又記：「本周喉疾延滯未愈，恐妻疾癌，心更不安，憤悶時作，然尚能克制也。」一直到十一月十八日宋赴美，就診後確定不是癌症，十一月的反省錄中才透露出安心之意：「妻於二十六日平安飛到美國，此心略慰，並據醫者檢查，決無癌症病，此心更安。」就是這一次行程，宋在確定身體無恙後，接受羅斯福總統夫婦邀請訪問白宮，在國會發表演講，又走訪美國各地，爭取美國官方與民間對中華民國抗戰的支持，造成著名的宋美齡旋風。

為了宋的身體狀況，蔣的憂心似乎一直存在，一九四四年二月二十九日：「昨日妻濕氣更重，手股發腫，痛癢難熬，終夜不得安息，乃決催其赴昆明休養，彼終依戀不肯舍家，情篤不可言喻。余不忍其再受如此痛苦，乃準備飛機，強其赴昆明。重慶氣候與水分只有增加其病症也。下午三時十五分送至九龍舖機場起飛，六時前聞其安全到昆，病亦稍愈為慰。」但情況出乎意料，十天之後，蔣三月十日記：「妻到昆明養病已逾旬日，其症愈劇，聞終夜不能安眠，恐成神經衰弱，不能久支之象。近日憂慮以此為甚，奈何。本日上下午皆修正明日精神動員廣播稿。原稿幾不成體裁，復因妻病亦無意專修，近年廣播當以此為最劣也。」十五日宋自昆明回渝，二十一日蔣又記：「上午心神寒寂懊喪已極，從未如有今日不佳之心景也。近日妻病時劇，其痛癢之勢不可形狀，夜間又不能安眠，乃至悲泣，因此影響余之精神非鮮。」因為掛心妻病，乃至無意專修講稿，因妻悲泣而影響精神非鮮，宋對於蔣心情影響之大可以想見。

宋的皮膚過敏症狀一直持續嚴重，未見好轉。同年四月二十二日蔣記：「妻之皮膚病終夜不能安眠，即服安眠藥亦不見效，如此者已經數月，其神經不安，心理痛苦已極。誠使人束手無策，奈何！」五月三日：「妻病『風症瘰』已半年餘，近更嚴重，每夜幾乎不能睡眠，其能安睡二三小時之夜，為難能而可貴之事。此種痛癢，誠非身歷者不能想像其萬一也。若上帝不速加憐憫，使之早痊，如此失眠痛苦，神經決難忍受，其病必深入神經矣。今日彼之心神萎頓沉悶，更為可慮也。天乎？」七月二日宋美齡經巴西赴美醫治，蔣的憂慮痛心又化做了萬千牽掛與思念。此次宋在美滯留頗久，病況始終未能痊癒，十一月二十二日蔣記：「妻病狀惡化，手心足底皆起紅水泡，醫生不准見親屬，又不能安眠云。其病症嚴重可知，奈何。惟有禱告天父使之速痊。彼必為內外形勢與美國輿論態度所刺激，而致神經不安也，深恐其陷為神經病也。」二十三日又記：「妻病沉重，外侮日亟，奈何，我惟盡我所當作，所能作而已，發妻電。」這一連串的「奈何！」「天乎！」道盡了蔣無奈的心情，關心則亂，也愈加證明了蔣遇到宋的多病真是如他所說的「心如懸磬，腦若蜂巢」，充滿了無助與惶恐。

同病相憐：晝夜苦於不能安眠，百藥用盡皆已失效

到臺灣以後，雖然蔣一直擔任總統，但比較之下公務自然沒有大陸時期的繁重，蔣宋夫妻生活面的比重愈來愈高，前面提到過兩人寫書作畫，散步野餐，下棋作樂，蔣生活中的每一步，都有宋的腳印。但在平順的生活中，蔣中正的身體逐漸出現一些症狀，畢竟此時蔣已經花甲之年，而宋美齡的身體也時好時壞，正因為如此，兩人之間愈來愈表現出「卿需憐我我憐卿」的互動與關切。一九五二年四月五日：「昨晡朱仰高醫師來診病，注射葡萄糖質後，晚課。決宿草廬中，妻亦來陪同住，夜間服藥後，頗能安眠。」十三日：「昨晚始未服藥，待安眠不成，乃再服藥。但夜半以後服藥，效用減少，雖較能睡著，但仍昏沉不能熟睡酣眠，而胃部更覺不舒，乃於今晨再邀中醫鄭曼青先生診斷，決服中藥以試之。」七月四日：「昨夜腹瀉至七次之多，二時後方得昏眠，亦逐醒逐眠，未能酣睡至一小時以上也。」蔣此時最煩惱的就是失眠，在此後的日記中經常出現他服用不同的藥物，使用不同的方式，希望能夠改善失眠的情形，但最多不過略為改善幾天，又失去效果，究其主因還是憂勞過度。或許因為睡眠不佳，導至身體狀況大不如前，偶感風寒也會拖上好幾日，如一九五五年三月九日蔣記：「正午熱度已較早晨增高二分，且發寒冷，乃即就寢，熟睡三小時。起床，在妻書房休息。十八時寒熱甚烈，乃即就寢，午課、晚課仍

在床舉行。」十一日又記：「（昨）晚在妻房休憩，觀畫閒談，晚課。……本（十一）日朝課後，記事。熱度全退，惟精神未能復元。……回寓後，又略感傷風。晚餐前後，在妻書房休息，觀畫。晚課後，八時半就寢。本日注射胃藥針。」這當然就是一種警兆，但從蔣的記載中似乎並未有此警覺，倒是可以看出蔣對宋的依戀，似乎病中益感親密。

真正讓蔣有感的是在一九五六年幾次連續的暈眩不適，一九五六年一月二十七日：「昨晚十時晚課後飲酒睡，初睡尚佳，惟半小時後即醒不能成眠，乃復飲酒過份，至夜半二時起而解手時，忽昏暈倒地不覺沉睡，幸妻即時發覺，乃扶持上床，然自此仍未能熟睡，直至今（廿七）日晨六時後，如時起床，朝課、記事如常，精神並不覺疲乏也，何哉？……晡與妻車遊山上一匝，晚入浴，散步半小時，月圓氣清，養神涵虛，甚想能不失眠也。晚課，飲酒就寢仍失敗，至十二時後服藥，乃始安眠。」第一次的昏暈蔣認為是為了想好睡飲酒過量所致，並未特別在意，但五個月後，六月二十五日：「晡與妻車遊淡水海濱茶室，微覺肚痛，似有大便，回寓後乃入廁大便，未能暢通，故費力甚苦，約十分時，疲倦至極，不能強支，乃即離廁，坐於臉盆之前時，竟完全失卻知覺，不省一切，事後乃知倒地時即有侍者大衛與沈祕書沂芳抬至睡椅，靜眠約五分時，始漸醒覺復元矣。」此一情況讓蔣有所警覺，次日的日記特記：「昨晡暈倒事應特注意，曾憶二、三月間，夜間以飲服安眠酒太多，起床解手時，亦有一次暈倒失覺者約五分時，與此次病相類似，是皆用腦過度之故，而此次繼克氏戰爭論批校完成之後，即著手草擬和平共存論稿，並擬定三角型原理與戰術基本思想之關係完成，雖覺興奮自慰，但亦不自覺其用腦過度，而致此病癥，應切戒之。……曾憶幼時年十一歲前後，在行路時，由街上回家將至門前約百步時，即臥撲在地失去知覺，但約二分鐘即起行如常也。」蔣認為自己用腦過度，致此病癥，延醫問診的結果，謂係暫時性腦貧血，並無大礙[1]，蔣在二十八日自記：「近日易動腦怒，乃貧血疲乏之象，應特注意修養，據醫者檢驗血液，亦稱余之紅血輪虧損，可知星一昏暈之症，乃為腦中貧血之故，自今日起乃注射肝汁並服鐵質，或較容易復元也。」此後也許因為保養得宜，似乎暫時沒有再發作的情況，直到一九六〇年二月七日：「午睡之初，頭腦暈眩，幾乎翻天覆地，旋轉不息約十分時。睡後一小時起床，仍暈眩疲弱，四時起仍勉強見客，美奧唐納與丁恩等人談一小時餘，尚能支持也。」三月九日又記：「本日為舊曆二月十二日夫人生日，經兒等與親戚皆來拜壽。……以氣候太熱失常，甚覺苦悶，

1 六月二十六日日記中有一夾頁，係蔣的醫生熊丸「呈夫人參考資料」，謂：「先生星一傍晚偶發情形……係暫時性『腦貧血』……，此種偶發情形常在三十歲以上，血壓較低者易見，恢復後通常對一般健康並無影響，最可慮者則在暈眩時可能跌傷。……引起暫時性腦貧血最通常的情況為：（一）低坐太久急速起立，（二）大解時用力過多，俯坐較久忽然立起，（三）睡眠時急速起立，（四）半小時以上的演講，（五）站立不動，（六）集中注意，過度疲乏。」

晡與妻車遊山上一匝，回入浴初罷，腦暈又發生，顛倒反覆特甚，約五分時漸復常，此病恐今後更烈乎？」在這一星期的反省錄中，蔣寫道：「本周星期夜與星三日兩次腦暈，較前為烈，應加注意保養，然應看之書、應辦之事太多，奈何。」

由於蔣接二連三的暈眩發作，宋美齡對蔣生活起居的關照益為注意，一九五六年間蔣正全力撰改出版《蘇俄在中國》一書（即日記中所寫之「和平共存論稿」），每日閱稿寫稿時間高達數小時，乃至十數小時，宋用各種方法讓他休息，在口述訪談中，蔣的祕書、侍從人員都提到類似的事，「夫人為此極為擔心，總是說：『你不能這樣不離開書桌呀！』」[2]「或者特別注意不要工作太久，有時陪著出去車遊、散步，有時提醒他做運動，不要一直用腦用眼。」[3]但宋自己的身體狀況亦不理想，這段期間蔣日記中經常可見有關宋皮膚病、過敏、失眠……種種症狀，「幾乎晝夜皆不能安眠，百藥用盡皆已失效，奈何。」[4]蔣為了宋的多病之身費心費神，真是數十年如一日，比之自己的病情更為擔憂

2 楚崧秋先生口述訪談，二〇〇六年十一月二十八日；中正紀念堂管理處，「蔣公侍從人員口述歷史訪談計劃」口述抄本。

3 應舜仁先生發言，應舜仁、樓文淵口述訪談，二〇〇六年五月十七日下午；中正紀念堂管理處，「蔣公侍從人員口述歷史訪談計劃」口述抄本。

4 蔣中正日記，一九五四年四月十七日上星期反省錄。

多慮。一九五二年七月一日：「晚，妻病之新藥始由美國寄到，注射後發冷、發燒甚劇為慮。」七月七日：「妻皮膚病用新藥後更為加劇，憂甚，但其頗能安睡也。」七月二十六日：「妻自注射新藥後，神經有時失常，且自言悲觀，自殺之心甚重，晡時更加失常，不勝憂慮。」七月二十八日：「妻之精神萎頓，決令其往檀香山休養也。」一九五四年三月十九日：「妻病昨夜復發，至今為甚，苦痛已極，憂悶無已。」三月二十三日：「聞妻睡中雖醒時亦全體驚跳，在床上按之果然，此乃其連夜失眠又為吳逆不斷刺激所致，乃急召西醫來診，務使能安靜不驚也。」一九五四年四月一日：「妻病又作矣，奈何。」次日「與妻飛屏東轉高雄，空氣晴朗於妻養病較宜也。」然而「妻病仍不斷續發，苦不能安眠也。」最後不得已仍飛美就醫。一九五六年三、四月間宋美齡還出現「流血症」，入院動手術，四月二日蔣記：「八時半陪妻到療養院施用手術，余因教育行政會議開幕典禮，故先離院，而由經兒護侍也。在教育會議講演一小時後，赴院視察，妻尚在麻醉昏迷中，至十三時後去看方蘇醒如常，……晡再赴院視妻，談話卅分回。」次日：「經兒早起赴院視其母夫人之病，回報今晨照X光線後即可出院回家為慰。」一九五八年間宋亦曾因腦昏倒地，三月十九日蔣記：「本日夫人在中央常會聽讀時以腦昏倒地，可知其體力衰弱，病根已深，不能不作根本療治也，幸起立後即復元。」夫妻兩人頗多相似之處，同樣都是晝夜苦於不能安眠，百藥用盡皆已失效，以致諸多症狀頻出，用「同病相憐」形容似亦不為過矣。

這中間有一段記載非常有意思，雖然與疾病無關，但很可以看出蔣、宋之間的一些互動，特別摘錄如下。一九五一年十月二日蔣、宋在高雄，蔣日記記：「今晨朝課時，正在默禱、靜坐中，忽聞妻在臥室中緊急呼聲，其音慘愴，乃急赴臥室，知為電機發火，幸妻即將洋毯覆蓋火頭，未兆焚如。而女傭則呆在火傍大哭，不知所以矣。火息已久，而樓下武官與副官、差役並未有人上來救助，幾乎如未聞其事者。乃召武官與俞（濟時）局長痛責其防衛弛懈，毫不戒備，要其何用。余向不信賴侍衛為可恃危急者，以余本身無暇教訓，而其主管者亦不知對侍衛教育也。故隨時發憤動怒，而此次憤怒更甚，以致暴氣失態，又增過犯，奈何。盍切戒自重之。」當宋呼救時蔣的緊張與立即趕往，可以看到蔣對宋的重視與關心；事發時女傭的呆滯、侍衛的疏忽，彰顯了宋的臨危不亂，「幸妻即將洋毯覆蓋火頭，未兆焚如」，正是蔣內心對宋的認知與評價；蔣對侍衛的「憤怒更甚，以致暴氣失態，又增過犯，奈何。」更表現了蔣對宋安危的念茲在茲。由這一個小插曲，或許更能看到蔣宋生活間的緊密相依。

彼自感其此次余病將使其壽命縮短幾年也

一九六〇年代，蔣已是不逾矩之年，宋亦年過花甲，從這時候開始，蔣連續發生幾次較為嚴重的狀況，一是攝護腺問題，從一九六二年四月開始，經過多次手術，長時期治療，但一直未能完全解決；一是一九六九年發生陽明山車禍事件所造成的傷害，對蔣的健康情況影響也極大；此外失眠、暈眩等症狀也未見好轉，相形之下宋的情況倒反而是比較穩定的，因此宋對蔣的照料看顧也相形增多，在蔣的日記中經常出現對宋照料其病體的感謝之意。

一九六二年初蔣日記中出現幾段有關疾病的記載，一月三日：「夜起夫人膽、肝二病激發，今日已漸平息，恐非用手術不可矣。」一月七日：「上午夫人再作X光檢查，其肝、膽皆無異狀為幸，余亦醫目疾約一小時畢。」二月六日：「正午與妻帶勒克斯新狗之兄弟與白小狗在園中遊覽，因見白與勒相打，乃予以掩護太力，腦又昏眩，幸未倒地也。」三月三十一日：「左目血管破裂就醫。」四月一日：「晡在散步時以大便急劇，忍耐過久，回寓大便時幾乎如七年前犯暈倒之病，轉弱無力不支之勢相同，然未如之失卻知覺耳，大便甚多，大通後休眠約卅分即平復矣。」看起來宋仍是舊疾未除，而蔣除了暈眩與目疾外，似乎沒有其他的問題。

但四月二十三日起蔣日記開始記載「因攝護腺在尿道口阻塞之現象，須作半麻醉之電療」，從此展開了蔣與攝護腺三年多奮鬥的病史。四月二十六日宋美齡陪同蔣入院，準備施用手術。二十七日的日記中蔣記了很沉重的一段：「我今日就要用手術割除攝護腺，實甚危險，不知結果如何，惟望孝武、孝勇二孫，能以篤孝服事你祖母，最好孝勇能移住士林與祖母同住，以後你的教養無論在國內或出國學習，皆惟你的祖母之命是從，一切生活、行動、學業皆要如此，總使祖母無憂，能得你們孝行而喜樂，是為重要。」這就是在交代後事了，可以看到蔣此時對手術的擔憂和不確定。到五月初蔣追憶補記當日手術情況：「十一時廿分手術開始，直至十三時完成，因下體麻醉，當時並不覺得有何痛苦，心、膽亦甚安定，當入手術室之始，夫人切囑醫生勿使著涼，經兒亦在隔室守候，及至十七時麻藥性過，乃漸覺病痛難受，但仍未覺痛苦，當夜沉眠如醉夢中，但並未熟睡。」可以看到宋美齡與蔣經國陪侍在側，殷殷囑咐之情。五月二日記：「下午夫人約醫生（中、西）及家眷晚餐表示謝意，惟夫人自身疲乏異常，皮膚病加劇，當余入院之夜，以其心神警惶不安，乃在室中顛跤撲倒，可知其憂愁之內心如何，在余病後，彼自感其此次余病將使其壽命縮短幾年也。」此時蔣認為手術後應當很快就能恢復正常，對自己的病情並不以為意，只是心疼宋美齡為他的病擔憂受怕。

惟望經、緯二兒與諸孫皆能孝事其祖母，不使其有所憂傷

這邊要用一些篇幅敘述一下蔣生前所寫的幾次遺囑，蔣慣於記日記，在日記中可以看到他內心的起伏，行事的準則，對人的臧否，對景的詠嘆，……幾乎是無所不記，最妙的是他在日記中還留下了許多次遺囑，浙江大學的陳紅民教授曾經寫過一篇〈蔣中正的「特

殊癖好」：五十五年間十次寫遺囑〉，提到：「細讀《蔣中正日記》，發現他從一九二〇年起至一九七一年曾九次寫過遺囑或類似遺囑的文字。」這中間包括了早期一九二〇年給舅父的遺言交待，一九二二年永豐艦赴難前給張靜江的遺言交待，一九三一年九一八事變後藉以明志的遺囑，一九三四年蔣特別交待宋美齡的身後事遺囑，在西安事變中蔣給國人、給宋美齡、給蔣經國與蔣緯國的三份遺囑[5]，以及一九七一年六月和十二月兩度身體狀況不佳時所留下的身後事交待遺囑。但陳文未將一九六二年這次攝護腺開刀期間所留的幾次遺囑列入，殊為可惜。

除了前段所引四月二十七日對武、勇二孫孝侍祖母的交待外，七月六日蔣入院動第二次手術，蔣記：「昨晚餐後夫人陪同入醫院，本晨五時起床，默禱讀經如常，特記事。本日作第二次檢查，必須再用手術，此次『乃斯別鐵』專家診療，當比上次美軍醫為妥當無危險，余對家事毫無掛慮，亦無所囑，惟望經、緯二兒與諸孫皆能孝事其祖母，不使其有所憂傷。汝母對余以犧牲其一生而輔助我革命報國，以盡其畢生之志，而且精誠剛嚴，慈

---

[5] 蔣在西安事變時寫的遺囑全文並未如其他遺囑記於寫作的當天，而是出現是兩年之後的日記中。蔣在一九三八年十二月十三日記中寫道：「本日檢閱，得前年在西安寄妻子與兩子之遺囑，讀之不禁有隔世之感。茲特錄之。」十二月二十日又記：「廿五年十二月二十日在西安遭難時告國民之遺囑，特錄之。」

愛明慧，除吾母以外無有可比者，至其愛國愛家，濟世救貧，自結婚至今卅五年，歷次冒險犯難，出生入死，衛護余身，挽救余命者，並非如眾所周知之西安一次也，余實無以為報，惟望經兒對母至孝，一以母意是從則慰矣。」此次手術後蔣有將近半個月的時間「昏沉不寐」、「高燒病症」，蔣在七月二十一日日記中自記：「自大陸淪陷後，廬墓與地產全失，今日只有以余歷年日記交經國遺產。」二十二日又記：「昨發熱至卅九度二時，乃決死莫卜，對國、對民未盡職責最感不安外，對政府之處理甚望辭修與經國能如我之容忍，彼此互諒互助，澈底合作，亦能如我與他二人者，則余之反攻復國事業仍可繼續完成也，並無疑慮，其他除已記於日記者，亦無所掛念，惟中央銀行所存留特支費約尚有一百九十萬美金元，此款應作為黨務革命用，可由余妻蔣夫人、陳辭修、蔣經國三人共同保管與支用，而由夫人為主席，張岳軍為監護可也。」將公務、家事、財產都做了清楚的交待；在這一年的總反省錄中，又提到：「四月廿七日在榮民醫院割除攝護腺，施用下半身麻醉手術，當入院以前對黨國大事以及善後處理，尤其對辭修與經國二人關係之指示倍加用心，特記於日記以備萬一而代遺囑，此舉實為我本身之強弱生死，與黨國以及反攻大業成敗存亡最大關鍵也。」

從這次病中的幾次預留類似遺囑的文字，可以看出蔣念念不忘的除了「對國、對民未盡職責最感不安外」，還有的就是對愛妻宋美齡的牽掛。尤其是七月六日所記，可以說是蔣歷次所留遺言中對宋美齡的地位、重要性描述最清晰、深刻；也是對蔣家子孫交待日後須孝侍宋美齡最誠摯殷切的一次。文中以「汝母」稱宋美齡，又以「除吾母以外無有可比者」，明示宋美齡在蔣家地位的不可動搖，與蔣家子孫必須以蔣中正侍母之孝以侍宋美齡的殷殷期盼。回顧一九三四年和一九三六年蔣兩立遺囑，都囑咐經國和緯國，他倆只有一個母親——宋美齡，到此時「惟望經、緯二兒與諸孫皆能孝事其祖母，不使其有所憂傷」，不僅希望兒輩侍宋如母，更期待孫輩常伴侍左右，這是何等的深情囑咐？為了使宋美齡不論在名義上，還是實質上，在家庭中都有足夠的地位，蔣確實是費盡心思，這分掛念與憂思或許已勝於千言萬語。

夫妻、父子全力皆用於我體力之治療

從一九六二年四月到六月間，蔣中正術後的復原情況一直不佳，主要的症狀為尿中帶血及無意識的陽舉，有時甚至漏尿，這些症狀都頗令人羞於啟齒，但蔣在日記中逐日記載，幾乎成了病歷表，也留下了完整的紀錄。最初醫生和家屬都認為這是手術後的後遺症，但持續未獲改善，當然讓蔣心情精神都頗受影響，六月二十二蔣記：「施用手術後已近兩個月，而每晚舉陽與尿道微痛以及小便自流未止為慮。」由於擔心是否手術有問題，因此請美國分泌科專家「乃斯別鐵」由美來診，七月六日第二次手術，「七時半入手術室，再用一次注射後即入安眠，完全不醒人事，正式手術只十五分時告畢，夫人親自在手術室監視手術完成為止。正午十二時已清醒如常，未有如第一次之昏沉，乃命經兒可以離院辦事，但當晚體溫「高至卅八度五，全家甚以為憂耳。」幸好次日燒即退盡，至下午五時出院。當日蔣記：「據醫云檢查結果，發現第一次手術時尿道受傷，乃有瘡疤二處，故尿道常受阻礙刺激，並非攝護腺尚有殘留耳，故未再用顯微鏡深入膀胱檢查，以其斷定尿道瘡疤乃為唯一之病根，且云此症尚易醫治，惟須延長時間耳。」

此後據日記的記載，蔣的生活似乎恢復正常，但上述症狀並未完全消除，尤其「精神幾乎昏沉不寐，夫人更為焦急。」也因此才有前述遺囑的撰寫。為了解決睡眠問題，蔣多次換服新藥，七月二十七日蔣再一次換服新安眠藥後，情況感覺頗佳，當日日記有一段記載：「今晨四時三刻醒後，心神較為安樂，甚思此病至此，只要小便不自動流滴，則其他病症似皆無問題，可以告癒。……今日為第一次施用手術正足三個月之日，病魔纏擾如此之久，絕非當時所能料及，故人生安危非可逆料，要在慎之又慎。今後每晨起床以前，在摸磨腹部以後，必用人力伸縮擴約肌廿四下，訂為必修課，則久之自然療癒無疑。回憶西安事變，腰、脊受傷後，每晨用兩手摩擦百次，大約百餘日即癒，但迄今廿五年仍繼續不斷，以至此次病前從未復發，則本病當亦必可自己治療，再有一年亦必痊復矣。」此時蔣已做好了長期自我治療的心理準備，但他並沒有想到此後身體狀況便一蹶不振，沒有真正的痊癒過。

一九六二年的十月間有一段記述，讀來令人鼻酸。在十月的反省錄蔣記：「上月病狀本已漸痊，不料本月初又傳染時疫，三日又發高燒至卅九度三，因之體力不支，幸雙十節勉強應酬過去。」蔣這一年七十六歲，從四月手術之後，或許由於年老免疫力變差，也或許由於服用藥物反應，除了嚴重失眠，精神不繼外，感冒發燒、咳嗽喉痛、打嗝不止，十月慶典在當時是極受重視的國家大典，蔣中正的主持與發表演說更是萬方矚目，因此在蔣的堅持下，宋美齡、蔣經國不斷努力幫助蔣，希望讓他在國慶大典上不要失常。在蔣這幾天的日記中，有著詳細的記載。十月六日：「雙十節將到，而溫度未見下降，本日仍在八十至九十度之間，夫人以聞余溫度高昇，其自亦發老膽病，痛如絞腸，幸注射特效藥後即癒，經兒在美醫處覓到一種治余病症最新之藥劑，自下午四時注射至翌晨四時，始出汗甚多，今晚臨睡前又注射一種昏睡之藥，以防止打嗝之病，故沉睡至次晨七時方醒，昨、今兩日打嗝所困，比之高熱度更難受也。」七日：「前幾日皆在溫度卅九度上、下之間，……自昨日注射作新抵抗現病之新藥後，今日溫度長在卅七度一、二之間，已有效果，但打嗝病越烈，夫妻、父子皆因此心急也。」八日：「病症溫度雖在七十度前後，並不為慮，而打嗝之困並未稍減，乃自上午新用一種氧氣噴嗅之法，經國等以為太烈，彼試後有流淚之感，余認為不怕，試後甚覺和性，不以為烈，乃即用之，今日約四次皆有效。

而夫人於吾入浴以後，又用其手努力在胸、背、肺部摩擦藥膏二次，對傷風極有效果也。昨以咳嗽不能安眠，仍用安眠新藥與『阿定』服後，乃甚安眠至翌晨七時方醒。」九日：「本日病狀無變化，全家皆以全力集中於此，期望明雙十節能康復如常也。本晚妻又為我摩擦胸、背、肺部藥膏二次，明日當不能咳也。」至十日：「昨夜仍用安眠藥，至十一時不能安眠，妻再加用半粒『阿定』，服後乃熟睡，夜間小便自流者二次，惟睡眠尚佳，為不如前夜之熟睡耳。……今晨六時即起，朝課如常，惟缺體操，以體力不夠恐有礙本日之節目。在此三日來，可說夫妻、父子全力皆用於我體力之治療，甚恐雙十節不能如計到場赴會以慰民眾，而為世人所憂慮與共匪造謠也。幸而病狀未增，而且比日昨較佳，溫度與脈搏皆如常，喉音、聲帶皆復元為幸。九時半抵府，接受廿萬群眾歡呼，在陽台（露天）發表訓詞五分時甚佳，十時入禮堂舉行國慶典禮，發表文告二十二分，間有咳嗽，但並無大誤，而且最後一段聲浪精神更佳為慰。十一時在會客廳與各使節、外賓百餘人接受賀禮畢，乃即回寓，已近午時矣。」

也許年輕的一輩無法體會蔣這種急切的心情，但老一輩的大概都有深刻的印象，當蔣中正出現在十月慶典的廣場陽台時，會受到多麼盛大的歡呼，「政躬康泰，國泰民安」，真是當時萬民的期待，蔣、宋都是重視場面榮耀的人，更何況是這麼重要的國家大典，而這種急切的心情此時能夠真正體會並幫助蔣的，也只有宋美齡和蔣經國了，「夫妻、父子皆因此心急也。」「夫妻、父子全力皆用於我體力之治療。」蔣日記道盡了對妻兒的感謝，也吐露了第一家庭在人前光鮮背後的辛苦辛酸。

妻病時發，施用手術，並未見癒為慮

前段提到，「夫人以聞余溫度高昇，其自亦發老膽病，痛如絞腸，幸注射特效藥後即癒。」宋美齡的肝膽病狀拖延頗久，不時發作，一九六三年尤其嚴重。在蔣日記中常看到「妻忽肝膽作痛，乃即回寓醫療後漸癒。」「對妻病肝膽，延久不痊為念。」「夫人今晨在榮民醫院檢驗體格，發現膽石甚大，不勝憂惶。」「夫人膽石病已照相證明無慮。」6 但一直到一九六四年才決定進行手術，一月四日上星期反省錄中記：「夫人膽石病已願用手術，今已決定二十日實施，此乃家中要事也。」這一個「願」字用得極妙，待人處事主動積極的宋美齡竟也有諱疾忌醫的心理。一月二十日蔣日記有一段很有意思的紀錄：「夫人本擬今日入院，使用手術割除其膽石症，彼忽來告余已將戴之法文函件昨子夜詳加研究後，認為其承認共匪之政策恐無轉變，但其已代擬信稿，略述內容，余認為可取，乃派員譯成中文、法文，再加斟酌後再定，余則不復起稿，免我許多苦慮也。」平鋪直敘，似乎

6 蔣中正日記，一九六三年六月十五日。

只是在敘述一件事情，但細細體會，宋在大手術之前念念不忘為蔣多分一分憂勞，「彼忽來告余」說明了蔣的驚喜、「免我許多苦慮也」說明了蔣的感動，夫妻間的默契與深情，在紙上筆下躍然而出。

一月二十一日蔣日記整段記宋手術之事：「昨日五時陪夫人入榮民醫院，準備明日使用手術之工作。晚餐在醫院內視察散步，十時睡，夜間不能安眠，乃服藥。……九時夫人入手術室開始手術，十時半完畢時，余入手術室，彼尚無知覺，全身麻醉甚濃，面色蒼灰不堪，如無生氣者，悲哀之意不禁含淚黯然，乃接其病床至病室，面色漸復，但知覺仍無，摸手親嘴亦不能使之感應，直至十五時後，方有咳嗽呼痛，從此漸有知覺矣。余乃與經兒、令偉安心午餐，午睡一小時頗佳，起床，在病人床側摸手撫慰，使之安心也。」蔣日記中對許多感覺直筆無諱，但對他與宋之間的親密行為多半一筆輕輕帶過，在這一段記述中卻頗為詳盡，可以看出蔣宋之間相處的模式，以及深藏心中的愛意，結褵三十六年而情深不移，實屬不易。

老相日增，不勝憂慮

蔣中正逝世於一九七五年，他的日記則記載到一九七二年心臟病發病前，細看日記，在最後十年間（一九六三至一九七二），也就是攝護腺開刀以後，他的身體狀況就已不如以前，心情也常因病況而起伏，一九六三年四月十七日蔣在宴請諮政顧問茶會後感觸良多：「自覺記憶力之差一天不如一天，尤其對於人的姓名為甚，昨日茶會時王雲五、趙恆惕等人見面稱呼，連其姓亦叫不出來，此乃老相日增之故，不勝憂慮。」蔣長期失眠，精神難免萎靡不振，「昨夜與今夜皆服二種安眠藥，睡眠皆佳，尤其是今夜睡足七小時以上，至次晨七時前方醒，此為近來熟睡最久之一夜，以平時在三或四小時以後醒了皆不能成眠也。」[7]「近日以服新的安神藥約有四天，夜間睡眠雖較前為久，但日間心神委靡消極，而且發生悲觀現象，殊足戒懼。決於今夜停服。」[8]攝護腺症狀時更不時擾亂心境：「八時，正在出發之際，小便忽衝血且深厚，比去年此時所得者加重傷態。心神恐懼異常，但演習已定，故仍照常至林上、大楠化學校等校閱。至十五時完畢，在大溪休息。」[9]「晚，散步回，臨睡之際，又見尿道出血如前，頗為驚駭。」[10]一九六五到一九六七年間先後動了五次手術，雖然手術都不算大，也都還順利，但久病纏綿讓蔣「精神甚

7 蔣中正日記，一九六三年九月十四日。
8 蔣中正日記，一九六七年九月十九日。
9 蔣中正日記，一九六五年四月十日。
10 蔣中正日記，一九六五年四月二十六日。

受影響，醫生雖稱此如流鼻血一樣不足為慮，但心中總覺恐慌不安。」[11]一九六九年又發生車禍：「以心緒煩悶，妻又睡眠不佳，乃與其乘車巡視市區，不料回頭至嶺投時已黃昏，忽爾座車與前導車相撞，當時妻已暈倒，余則口鼻撞破出血甚多，乃換車直駛榮民醫院療治，妻傷較重也。」[12]蔣曾自謂「我這一次車禍，壽命少十年。」[13]此後失眠、出血症狀更多，日記中時見「幾乎昏厥不支」[14]、「腦暈更劇」[15]、「心緒沉悶、精神不振，近日感年邁體力漸衰為念。」[16]「近日服安眠與安神藥，似乎太多太久，故急施停止，以免精神萎頓」[17]蔣在一九七〇的反省錄中自記：「終年病魔纏身，尤其六、七月之間，病情更為險惡，幾乎不省人事者有二周之久，幸能轉危為安，此乃上帝保佑我完成其所賦予余反共復國之使命歟。」但到次年三月蔣連續記載：「近日意志消沉極矣。」「精神消沉，毫無人生興奮之趣。」「記憶力日差，而且每朝默禱頌辭，亦常忘卻，默誦不全

11　蔣中正日記，一九六七年四月十七日。
12　蔣中正日記，一九六九年九月十六日。
13　侍從人員口述訪談紀錄，詳見拙作《蔣中正的生活拾趣》〈陽明山大車禍〉。
14　蔣中正日記，一九七〇年一月十日。
15　蔣中正日記，一九七〇年二月十六日。
16　蔣中正日記，一九七〇年三月二日。
17　蔣中正日記，一九七〇年五月二十六日。

矣。」筆者在訪談士林凱歌堂的周聯華牧師時，他曾講過一段話：「他到後來，就是生病以後，還來過幾次，再過些時候他就不來了。那幾次看他走路啊有點搖搖擺擺，沒有這麼多的精力，而且他坐在那裡，孝勇就坐在他的後面，他翻聖經什麼都翻不到，unusual，他從來翻聖經是翻得快的不得了的。唱讚美詩，他就東看看西看看，找不到，孝勇就特別告訴我說，聖經跟讚美詩要我都夾好，我就都夾好了，可是夾好他還是找不到，後來過些時候他就沒有來了。」[18] 聖經是蔣從一九二七年開始就每日必讀的書籍，讚美詩也是蔣最喜愛的，但找不到就是找不到，歲月不饒人，從不服輸的蔣中正，在歲月的巨輪之前也不得不低頭。

一九七一年以後蔣的身體狀況愈走下坡，但他對黨國大事始終縈繞於心，四月二十二日蔣記：「近來自覺體力日衰，對黨國前途時起憂慮。幸於三年來建設加強，對於基本之防務已有計劃，財經改革亦有基礎，此時以守為攻之方略，經兒乃以瞭解，彼對人事選擇與培植有素，後繼有人，乃足自慰也。」六月九日在審閱檢查身體報告書後，又記：「腦動脈血管有硬化之象，自覺亦有此病也，如醫藥與休息無效，則國家後事應預作安排，經國乃繼此復國任務，惟其為我父子關係，不願有此遺囑，但其可為靜波（註：嚴副總統家

[18] 蔣中正日記，一九七一年三月九、十、十一日。

塗）之助手，出任行政院長，則於公私皆有益，望我黨政軍同志，以助我之心，助彼完成我光復大陸之共同使命也。」這就是前面提到陳紅民教授整理蔣遺囑中的一份。只是身體狀況影響心理狀況，蔣真正感覺到有心無力，甚至起輕生之意。一九七一年六月十八日蔣記：「本日氣候最沉悶，因內心為時局與經歷相互壓迫煎熬，乃撫今思昔，痛悔無比，以致愁苦萬狀，甚望早死為快。此乃從所未有之現象，其原因起於失眠，終日假眠，卒難睡覺所致也。」一九七二年二月八日：「一年來對局艱難而又身多疾病，至最近百感交集，百病叢生，更覺悲傷痛苦，國事待理者尤多，寂寞無聊，奈之何哉？」可以說是蔣晚年最深的感慨！所幸此時宋美齡、蔣經國及兒孫輩一直陪伴在他身邊，愛情與親情的滋潤，讓他在多病的晚年，仍能夠堅強的、尊嚴的面對生命，面對國家，也面對自己。

第八章　但願如同樑上燕

「但願如同樑上燕」語出馮延巳〈長命女〉：「春日宴，綠酒一杯歌一遍，再拜陳三願：一願郎君千歲，二願妾身長健，三願如同樑上燕，歲歲長相見。」詞中三願平凡簡單，既不求榮華富貴，也不求福壽雙全，只是單純的希望與自己的愛侶長相廝守：正因為這樣真切的心願，所以吟詠起來更能貼切內心。會用這樣的標題作為本書的最後一章，一方面是感覺在蔣宋的婚姻中有過起起落落，也有過風風雨雨，但愈到晚年愈如同詞中的情境，雋永而平淡。另一方面是從蔣日記中可以看出每年有幾個日子是他們夫妻重要的團聚日，一是耶誕節，二是過年，三是兩人的生日和結婚紀念日，蔣在這些日子中總是特別的感念婚姻幸福家庭美滿的重要，如果宋不在身邊更是切切思念，豈不正契合詞中「歲歲常相見」的旖旎婉約？因此就以這一段作為蔣宋婚姻記愛的結語，同時在這一章中放入較多的照片、函電，透過圖文讓讀者可以更清楚的看到蔣中正與宋美齡之間的婚姻之愛。

夫人忙於聖誕節之布置，熱心與快樂極矣

耶誕節對蔣中正而言，應當是在結識了宋美齡以後才有的節日，《愛記》一九二七年十二月二十四日記：「外姑宋太夫人家宴，度耶穌聖誕節，公曰：『十年來未嘗有之歡樂，乃得之於今日；惜念政治不安，黨國患深，心仍不能釋耳！』」此後這一節日在他們的婚姻生活中一直是個備受重視的日子，從蔣日記的字裡行間很可以看出不同年歲中心境的起伏。一九三一年十二月二十五日蔣日記：「今日為耶穌聖誕，上午禱告後下山遊覽。下午約小學生來慈庵唱歌，晚約友歡聚，時念慈母並念經兒，而夫妻倆人如賓相敬，雖無子女，亦足樂也。」一九三三年的十二月二十五日較為特別，蔣在該日日記寫道：「今日為舊曆十一月初九日，先妣七十誕辰，乃為耶穌聖誕，聖慈降世，適為同日，豈非天哉，信、望、愛三者為教徒之要決，勉諸。……本日六時起床禱告，並敬祝慈親誕辰，為子而不能盡孝於生前，又不能事祭於歿後，惶懼無地。九時由杭州起飛，十時廿分到衢州乘車……沿途風景幽美，妻謂罕有。余謂良辰美妻，佳景勝地，殆有此乎！」或許是母親冥誕使蔣更念妻子的好，也許是聖誕佳節使蔣的嘴巴特別甜，當可想見夫妻情深之情景。一九四〇年的耶誕節則可能是蔣最寂寞的一次，因為夫妻之間為了家事有所爭執，宋美齡自該年二月飛香港，一直滯留不歸，當年十二月二十四日蔣記：「三年來聖誕前夜以今日

最為煩悶，家事不能團圓，是乃人生惟一之苦痛，幸緯兒得以回來陪伴，足慰孤寞，得聞家鄉情形，聊以解愁。」十二月二十八日上星期反省錄又記：「本年最後一周比較安樂順利，惟妻留港未回，以致家庭缺乏欣興之感。」可以感受到蔣形單影隻之苦。一九四五年十二月二十五日蔣記：「晚九時後到林園，兩兒媳孫皆在此度聖誕佳節，此為全家團聚一堂之始也。」此時抗戰結束，家人團聚，正是蔣生命中最愉悅的時刻，十二月二十六日蔣在日記中記：「六時未醒以前，夢見一人手持明燈照我胸腹後，乃與我握手。余即醒覺，此必基督賜恩又進一步之象，五年前乃以膏油沐我首也。」在蔣心中此時真是萬事圓滿。值得一提的是，耶誕節對蔣中正而言還有一層重要意義，因為一九三六年的西安事變，十二月二十五日獲得完美的結局，一九五三年蔣在日記中回顧：「本日為余十七年前由西安出險復生之一日，適為耶穌基督降生之聖誕節，回憶往事已成陳蹟，惟夫妻患難恩情則與日俱增矣。」

到臺灣後由於環境安定，過耶誕節更成為蔣家重要的一個團聚日。一九五〇年十二月二十三日：「夫人忙於聖誕節之布置，熱心與快樂極矣。」二十四日：「本日為蒔林禮拜堂落成開堂第一天，故趕回禮拜，吃聖餐。陳維屏牧師對聖餐其意義與遺規講解甚詳。」同日上星期反省錄：「夫人率領婦女聯合會慰勞傷病兵，是乃最為聖誕中有價值之舉也。」二十五日記：「昨晡看戲法，與聖誕老人分贈物品，老人皆特別快樂。」可以看

一九五三年十二月二十四日，歡度聖誕節並與蔣方良、蔣孝章合影（檔號：002-050101-00021-037）

到在這個特殊的節日中，宋美齡扮演了重要的角色，既是家中帶動歡樂的主角，又是社會散播大愛的推手，而夫妻倆在這節日中精心布置、虔誠參與、熱心投入的過程一直保持到蔣晚年。一九五三年：「經兒全家與辭修、仁霖二家皆來家聚餐，接受聖誕老人禮物，各家小孩已漸長大識禮，不如往常之噪鬧矣，孝勇尤然也。」

一九五四年：「經兒全家、緯兒與辭修、仁霖二家皆來團圓。膳後黃扮老公公分給聖誕禮物，今年夫人籌辦特多，且皆精品，小孩最喜愛之物，故武、勇二孫尤樂也。」一九五五年：「晚全家兒孫與辭修、仁霖、華秀各家，在蒔林過聖誕節，聚餐、玩耍。廿三時到禮拜堂禮拜，晚課，廿四時半寢。」

一九六〇年：「全家子孫、親友二十餘人在寓度聖誕節，祖母對武、勇二孫戲弄為樂，餐後禮拜，十一時就寢。」一九六一年十二月二十三日：「妻在華興育幼院聽音樂聖劇與四百餘幼童同慶聖誕。」尤其讓蔣欣慰的是該

一九五五年十二月二十四日，蔣中正與家人及陳誠等共度耶誕（檔號：002-050101-00025-141）

年蔣孝武與蔣孝勇受洗，十二月二十四日蔣記：「禮拜前武、勇二孫在蒔林凱歌堂受洗為快。……晚約在臺北親屬來家聚餐，歡度聖誕後，又禮拜畢。」一九六七年：「約在臺北全家子孫侄兒等與子安全家團聚宴會祝聖誕節也。」蔣日記中最後一次記錄耶誕節的活動是一九七一年的十二月二十四日：「今晚聖誕夜，晚餐，全家團聚後，以換藥身倦，不能到禮拜堂參加禮拜，必使教友失望也。」次年蔣心臟病發，此後就未再記日記。

爆竹聲中一歲除

宋王安石〈元日〉詩云：「爆竹聲中一歲除，春風送暖入屠蘇；千門萬戶曈曈日，總把新桃換舊符。」舊曆除夕是中國人長久以來最重要的團圓之日，對蔣、宋而言也是一樣，一九二八年一月二十二日蔣在日記中記下：「與三妹第一年度歲……晚宴

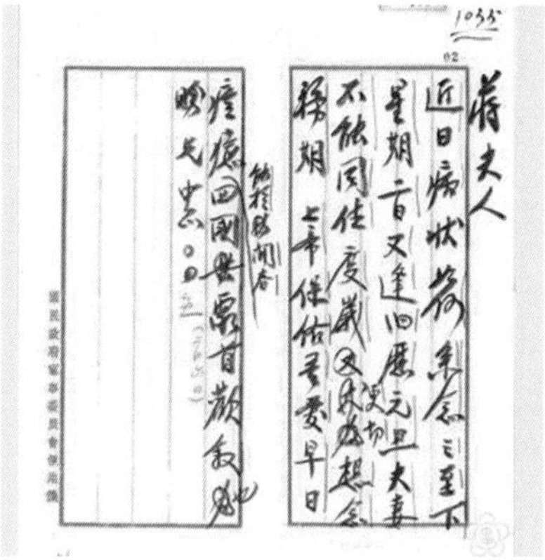

一九四五年二月六日，蔣中正致宋美齡電稿（檔號：002-040100-00005-050）

客，聊作度歲之樂，甚得也。」這是蔣與宋新婚之後第一年共度年節，「甚得也！」道盡蔣的得意之情。可是也未必年年度歲都能如此喔！一九四一年一月二十六日：「本夕為舊曆除夕，孤單過年，世界如此孤居之大元帥恐只此一人耳。」一九四四年一月二十四日：「今夕為舊曆除夕，蕭然無欣。晚間九時後，忽接緯兒由西安來電話，略解沉寂，然感慨更深。」次日又記：「本日心緒沉悶，佳節思親念子之心倍切，加之對外處置失當，性情太剛，不合于時，恐遭覆餗也。」一九四五年二月十二日：「回寓記事，批閱公文，獨自午餐。下午批閱，觀劇。晚約胞嫂與經國全家吃年夜飯。」由於宋美齡在美未歸，蔣在二月六日曾函寄想念之情，對照日記中的字句，更可看出蔣每逢佳節倍思親的感慨。

蔣中正是個十分戀家的男人，宋美齡不在身邊的日子他思念愛妻，與宋美齡共度佳節時又忍不住回憶少年在家度歲的情景。一九四七年一月二十二日：「昨晚為舊曆大除夕，亦為戰勝還都後之第一大除夕，回憶少年在家度歲母子相依之情景，與玉泰店往外討賬數錢之習俗，謝年祭灶迎春宴客之往事，不勝為之神馳心往，然而今已不能重習矣。約司徒、岳軍與經兒等八人，連余夫婦，共為十人，同飲杜蘇，看影片，觀花筒，放爆竹，直至十二時後方休。余妻身心康泰，其興趣尤盛也。」一九四八年二月九日：「本日為舊曆大除夕，曾憶二十一歲考入保定軍校，未能回家度年，因之家中先慈與前妻，皆在此夕晚餐時對泣不能成音，乃竟不食而眠。想見少時家中孤苦與慈愛之情形，每念及此，不勝其不肖忤逆之悔，然已無及矣。」次日又記：「大除夕宴會後，觀放花筒與高升鞭炮，勉效少年度歲之樂，妻更歡悅也。」可以看得出來，在蔣心中最在意的還是身邊的宋美齡。

來到臺灣之後，遠離故鄉廬墓，成為蔣中正心中最大的隱痛；但是兒孫繞膝，也成為蔣、宋家居生活的重心，就如同前面所說的耶誕節，除夕更是家中團圓的重要時刻，一九五〇年二月十六日：「今日為舊歷大除夕，對前途極抱樂觀，時時感謝上帝扶佑，我一年災禍，竟能度過，甚快也。」次日：「八時半再與夫人共同跪禱畢。……正午經兒全家大小皆來拜年聚餐，一家團敘，雖在異鄉，猶足自慰。上帝賜我福澤，能不感謝。武孫、勇孫，活潑天真可愛也。」一九五一年二月四日：「庚寅年即舊曆年節，祇有明天一天了。……在蒔林寓中聚餐，林、孫（林蔚、孫立人）等同席。」次日：「本日已為舊曆庚

一九五六年二月十一日，蔣宋夫妻陪同孝武、孝勇、宋伯熊、仲虎歡渡春節（檔號：002-050101-00025-237）

寅歲除夕，除想念幼年在家鄉度歲情景之樂趣不可復得之外，亦想念鄉間之親友，聞家中帳房與管山之雇工皆已被囚，未知葛竹兩舅父尚在人世否。……晚約芝珊與經、緯二家聚餐吃年夜飯，武、勇二孫聰明活潑、嘻跳可愛。餐畢觀影片，自觀角坂山電影，更覺身體康健可慶也。」一九五五年一月二十五日：「曆除夕與元旦餐食如燒芋艿、烤花生米、焙醬豆、三鮮糊啦等古鄉過年風味應有盡有，親戚在臺北者亦以今年團聚為最圓滿，惟兄嫂乃在病中，未能參加耳。」一九五六年二月十一日：「本日為舊曆除夕，在工作忙碌之中，仍不斷思念故鄉過年時快樂的光景，尤其想念先人廬墓之是否安全，時至今還未能反攻開始，更覺罪孽深重，不知何日果得贖此忤逆之罪，以償此宿願矣，小子能不自勉乎哉！……晚子安全家與經國全家以及緯國、華秀夫婦團圞聚餐，與武、勇、熊、虎玩耍，放爆竹流星為樂。」

一九五七年一月三十日：「晚經國全家與華秀來寓聚餐飲酒，團圓為樂，觀美製影劇後，晚課。廿三時後方寢。……今日大除夕。」一九六四年二月十三日：「與在臺全家子孫侄女等團聚會餐，以今為癸卯年除夕也，庸之、令偉、子安夫妻皆在此過年。」一九六九年二月十七日：「昨為除夕家中團聚，年夜飯多故鄉餐食為樂，膳後散步回，與家人同觀影劇（十二金鏢），編導頗佳。十時三刻就寢。」一九七二年二月十四日：「家庭團聚吃年夜飯，以今日為陰曆除夕也。」二月二十九日：「晚全家團聚，過元宵也。」細細讀來，平淡中更見蔣宋夫妻間的生活，如果說「歲歲年年」是蔣宋對婚姻的許願，那麼「團圓圓」就是他們對家庭生活的祈求，「順順利利」則是對國家社會的祝禱。

歲歲年年，深情不移

和許多中國人一樣，蔣中正與宋美齡真正屬於家庭的生日聚會多半是在農曆生日，宋美齡的生日是農曆二月十二日，蔣中正的則是舊曆九月十五日，一般人所孰知的十月三十一日「蔣公誕辰」則多為公開的祝壽活動，由於蔣日記中雖然偶而會提到宋美齡為其操持作壽，或是記錄兩人共同度過生日的情形，但大多的時候都是在反躬自省，或是思念故鄉廬墓，感慨革命事業一事無成，比較少對於夫妻之間情感的描述。反之每年宋美齡的生日，蔣中正都會牢記在心，或陪伴其活動，或為其宴客，才真能看出兩人之間的緊密關係。

一九三九年三月三十一日，蔣中正致宋美齡賀壽電稿（檔號：002-040100-00005-029）

一九二八年是蔣宋婚後第一次蔣為宋祝壽，三月三日：「今日為三妹誕辰，陪三妹同游三潭映月，往訪陳孔如，游孤山岳墓，回寓為三妹祝壽詞，後往玉泉觀魚，魚躍於淵，其樂無窮，見之心怡。」一九二九年三月二十二日：「今日為愛妻誕辰，上午陪其游燕子磯，在萬福林中餐。」次日，又同至明陵看櫻花，笑謂夫人曰：「美麗極矣！」一九三〇年三月十二日：「今日愛妻誕辰，晚在宋寓家宴。」一九三一年三月三十日：「下午陪妻遊覽郊外，以祝其今日為舊曆三十三歲之誕辰也。惟我夫妻與儀甥知之，不使外人聞知，以此自測我夫妻德業之進退，事業不足奇，德業乃為可貴也。」一九三二年三月十八日「農曆二月十二日，愛妻誕辰。……邀集遺族學校學生於陵園仰止亭唱歌慶祝；晚又宴女賓，為夫人祝壽。」蔣嘗感慨：「當此國難嚴重之時，於家庭殊愧未能盡歡也。」因此當宋美齡生日時總設法博其一樂，但有

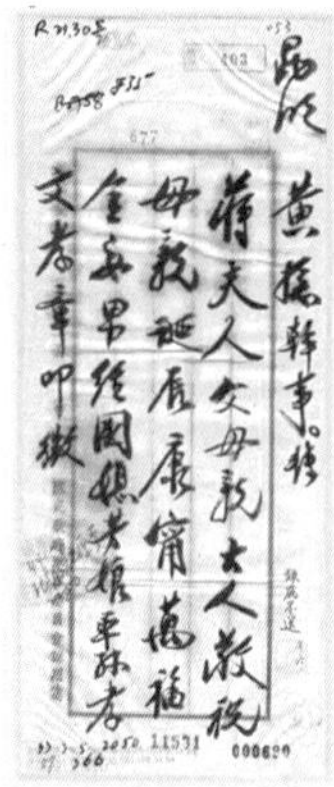

一九四四年三月五日，蔣經國致宋美齡祝壽電稿（檔號：002-080200-00623-080）

時又自覺太過，如一九三八年三月十三日宋美齡四十歲生日：「為妻祝壽筵席太富，於心愧疚，當此困難不以節儉自踐也。」

如果宋不在身邊，蔣必然函電致賀，一九三九年宋美齡在香港，蔣致電賀壽：

一九四四年宋在昆明養病，蔣因抗日軍事倥傯無法前往，三月四日：「下午寫妻信及手抄真美歌，祝妻四十六歲誕辰。」三月六日：「以夫人誕辰獨自飲食，感慨不置。」該星期反省錄又寫：「本月六日即二月十二日（舊曆）為妻四十六歲誕辰，其濕氣與失眠症甚重，在滇休養，心甚不安，獨居寡歡，寂寞蕭條極矣。」字裡行間可以看到蔣的款款深情。而在檔案中也看到蔣經國與蔣方良的祝壽函：

這似乎是蔣中正所極力要求經國、緯國要做到的，像一九四六年三月十五日為宋美齡生日，十二日蔣就電經國希望兩兄弟能回渝為母祝壽，不然也應來

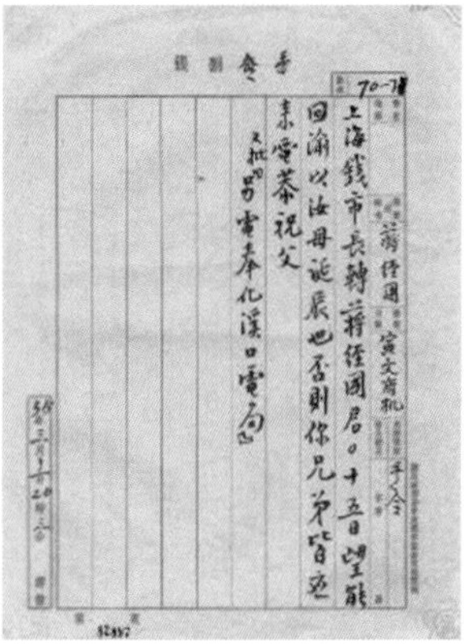
70-7
上海錢市長轉蔣經國君。十五日望能回渝以汝母誕辰也否則你兄弟皆應來電恭祝父
又批明電奉化漢口電局

一九四六年三月十二日，蔣中正致蔣經國電稿（檔號：002-040200-00001-082）

電恭祝。

不過當日兩兄弟似乎並未能趕到，因為十五日蔣日記寫著：「本日舊曆二月十二日，為妻四十九歲誕辰。下午假眠入浴，媳、孫等皆來拜壽，試耍武孫性情與靈覺數事，甚有趣也。五時與妻遊覽林園一匝即回。晚課後，與妻二人聚餐，相互敬酒共乾二杯，甚難得也，以平生未敢如此痛飲也。」

一九四九年三月十一日是宋美齡五十歲整壽，當時蔣下野在鄉，而宋美齡隻身在美，十日蔣日記寫著：「電夫人，祝其五十足壽也。……正午回武嶺，……為妻預備壽誕，邀請利房下諸老太太聚餐也。明日舊歷二月十二余妻生日。」十一日又記：「為妻祝壽，指定宴客名單。……正午到報本堂宴客祝壽，祝壽，昔年同輩之嫂媳，今皆年老，不能辨識矣。……晚課後，召集全家子孫侄媳等，在菴中宴會祝福後，觀劇，十二時睡。」十二日蔣復電告宋祝壽

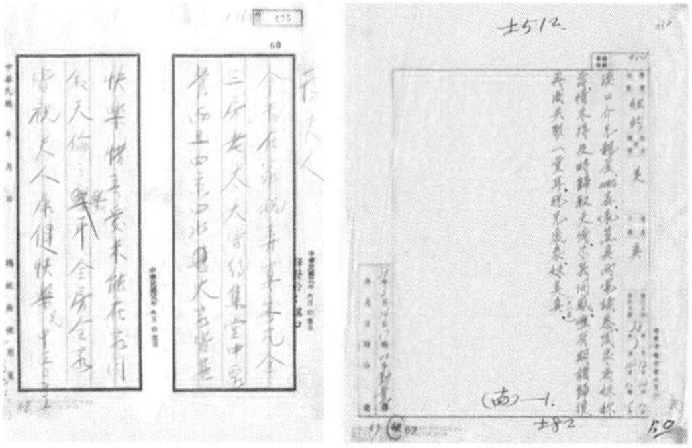

一九四九年三月十二日，蔣中正致宋美齡電稿及宋美齡回電（檔號：002-040100-00006-032）

過程，可謂極盡用心。

蔣對宋美齡生日的重視一生如一，到臺灣後更是如此，不管宋人在不在臺灣，蔣都會在其生日前後安排家宴及宴客，有時也由蔣經國等兒孫出面為宋暖壽，一九五〇年三月二十九日：「昨晚課後，經兒為其母祝壽家宴，武、勇二孫以幼稚未能參加，其餘家人皆團聚一室歡宴。流亡臺灣，尚能團敘天倫，上天賜我亦云厚矣，能不感謝。」次日則記：「宴客十餘人畢，觀電影，中國電影技術進步矣。本月為舊曆二月十二日，夫人五十一足歲生日也。」一九五一年三月十八日：「為夫人祝壽，經兒預訂臺灣餐，多為海味，妻不能食餐，餐味亦不高明，可知臺灣生活程度之遠離內地矣。」十九日又記：「本日為夫人五十二足歲生日。……晚課，宴女客廿人，觀影劇，十一時寢。」一九五七年三月十二日蔣在日記中寫著：「發經國全家為夫人祝暖壽，緯國夫妻、芝珊、友冰等親

一九五七年三月十二日，蔣中正伉儷在士林官邸慶祝宋美齡五十八歲生日（檔號：002-050111300011-112）

戚皆參加，宴畢觀影劇後，晚課。」次日：「今日為舊曆二月十二日，即夫人五十八歲生日，朝課，記事如常，九時半經、緯全家及親戚，與辭修夫妻來家祝壽，……與妻到婦聯會，茶點答謝婦女送禮來祝壽者百餘人，約一小時後回，入浴，閱報。晚約宴婦女祈禱會十餘女教友與辭修夫婦畢，照相遊玩為樂，廿二時晚課。」

幫宋美齡祝壽說是由蔣安排，一點也不誇大，只要看上面蔣日記中「發經國全家為夫人祝暖壽」一個「發」字就可以揣摩到其中一、二了。蔣為宋安排祝壽一直延續到一九七二年，一九五八年三月三十日：「經兒等為其母祝暖壽，設宴聚餐後觀影劇，家庭團圓快樂為人生至寶。晚課後，為妻題畫冊。」三十一日：「朝課後，與妻向上帝跪禱其六十初生日之快樂與成功。……在寓中經、緯各家及親戚吃麵祝壽。午課後仍研究受難節證道文材料，五時後與妻同到大溪接受陳副總裁夫人等二十人為夫人祝壽禮節，并聽杜、闞、彭各太太等觀戲娛樂，實為最近發笑之一天也。」一九六三年三月六日：「本晚經兒約在臺全家與至親為夫人設宴祝煖壽，并觀影劇，今年已是愛妻六十五歲矣。」七日：「全家兒孫、至親來寓拜妻壽，正午同吃壽麵，下午假眠一小時半，甚熟為慰。批閱公文後散步，晚親友為妻設宴祝壽，頗形欣喜歡樂，以杜太太唱平劇與嚴太太唱蘇州小調為最難得可喜也。與庸之同車，送其回博愛賓館即回，晚課，夫妻並肩禱祝，感謝上帝後，十時半就寢。」一九六八年宋生日前後身體違和，這一年的祝壽延到了一個月後，從蔣日記看來，三月八日：「勇孫今日告假，為其祖母明日拜壽，但祖母病重為慮。」三月九日：「夫人熱度已退，但咳嗽不止為慮。余在其六十九歲前夕未能為其祝暖壽為憾。」十日：「本日為夫人生日，以其牙病未痊故未設壽宴，僅經緯二家家中人中午吃壽麵而已。」到三月三十日宋身體狀況轉穩定，「晚經兒為夫人補祝壽辰，並觀影劇（大哉中華）。」四月五日還記著：「晚陳、嚴等夫人為妻補設壽筵。」一九七一年起蔣的日記已經愈來愈簡單，但仍記著三月七日：「晚為夫人祝暖壽。」三月八日：「晚為夫人生日約宴後即早睡。」一九七二年二月八日蔣記自己的身體狀況：「一年來對局艱難而又身多疾病，至最近而感交集，百病叢生，更覺悲傷痛苦，國事待理者尤多，寂寞無聊，奈之何哉？」但仍堅持著三月二十五日：「經兒為夫人祝壽。」三月二十六日：「晚為夫人祝壽宴客。」這是蔣日記中最後一次紀錄為宋作壽，蔣宋結縭近一甲子（一九二七－一九七五），除了蔣病重的最後幾年，他為宋作了五十五年的壽誕（一九二八－一九七二），「歲歲年年」，深情不移。

夫婦之愛，與年俱增，可喜也

最能彰顯蔣宋兩人「如同樑上燕」的莫過於兩人的結婚紀念日了。從一九二八年十二月一日蔣在日記中記下：「今日為吾與夫人結婚周年紀念，於此一年之中，任事不少，頗足自慰，亦夫人之有以助我也。」此後幾乎每一年蔣都會在日記中盛讚宋美齡對他的內助之力，強調夫妻間的琴瑟和鳴。一九二九年蔣記：「今日為我倆二周結婚紀念日也。軍人只知勝字，而敗字非革命軍人所應識也。十時後乘坐一時半到溧陽城，視察後陪妻在崇隆寺中餐後，即回湯山，已四時半矣。結婚二年，北伐完成，西北叛將潰退潼關，吾妻內助之力，實居其半也。」一九三三記曰：「今日為余倆結婚六年紀念日，於此六年間，艱難辛苦，險阻困頓，得力於內助者，實非淺鮮。」一九三五年宋美齡從上海電蔣曰：「妹亦時代兄誠求上帝，賜兄智力，得勝艱難，達到兄革命建國目的，並使吾夫婦萬事進步，與年日增。」蔣至為感動，在日記中記下：「本日為我夫婦結婚八周年紀念日，夫婦之愛，與年俱增，可喜也。」

一九三七年抗戰軍興，這一年的結婚紀念日蔣記：「吾與夫人結婚，已十足年矣，黨

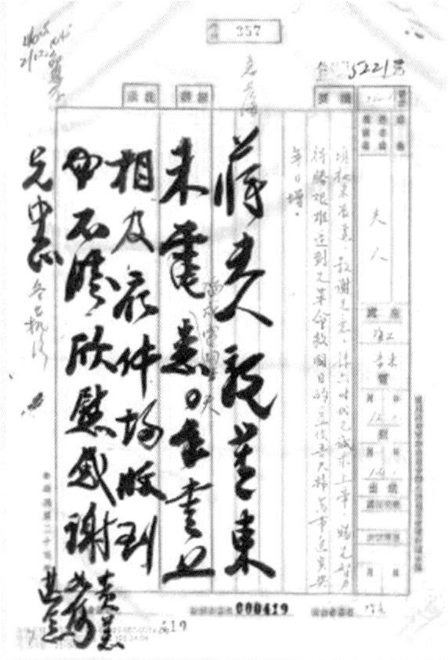

一九三五年十二月一日，宋美齡致蔣中正電及蔣覆電稿（檔號：002-040100-00005-108）

國前途之艱難，到第二之十年，究不知如何變化？惟竭盡我夫妻之心力，鞠躬盡瘁，死而後已，以期達吾人結婚之目的，完成至高無上之愛情。」一九三九年：「今日為我夫妻結婚第十二周年紀念日，反省吾人當日結婚之初願與共同革命建國貢獻於民族與主義之目的，皆能履行不渝，而夫妻之情感與精神亦日日增進，久而彌篤，此乃上帝之所賜，實非人力之所為，自余信奉基督以來十年間通道愈堅，知心益切，無論任何艱險，皆由吾倆共同祈禱與努力以達成目的也，可以對總理可以對倆母而無愧於心乎。」這日中午「夫妻對吃火雞，其味無窮，一樂也。」

　一九四二年十一月宋美齡因病赴美治療，十二月一日，蔣記：「本日為余夫婦

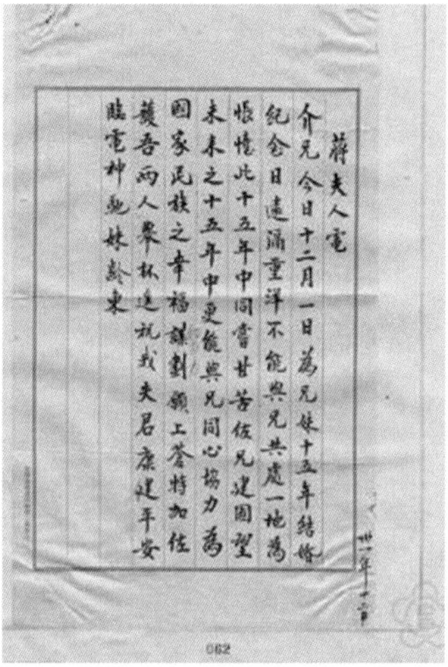

蔣夫人電
介兄今日十二月一日為兄妹十五年結婚
紀念日遠隔重洋不能與兄共處一地為
悵惟此十五年中同嘗甘苦佐兄建國望
未來之十五年中更能與兄同心協力為
國家民族之幸福謀劃願上蒼特加佑
護吾兩人舉杯遙祝我夫君康健平安
臨電神馳妹齡東

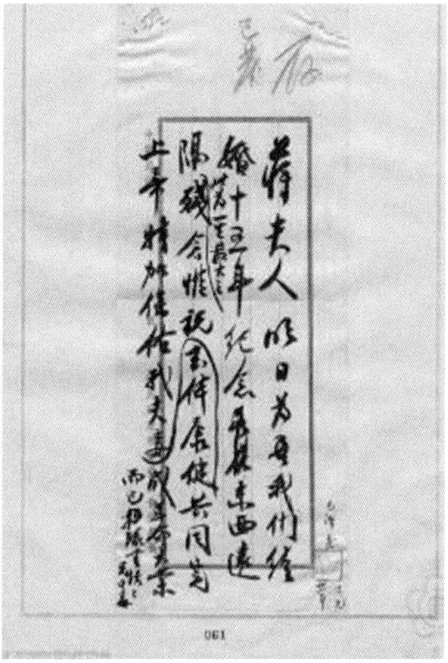

一九四二年十二月一日，蔣宋互祝結婚十五周年電（檔號：002-040100-00005-044、002-020300-00037-009）

結婚十五周年紀念日，晨起，先謝上帝保佑與扶掖成全之恩德。晚往孔姨宅，舉葡萄酒恭祝余妻康健。」並致電宋唯願其身體康健，宋亦致電蔣望未來更能同心協力。

但這一年蔣宋卻為了家務之事頗有爭議，一九四三年十二月一日蔣在日記中寫著：「本日為我夫婦第十六年紀念日，……十二半晚餐後出發，登機視緯兒猶熟睡頗安，以彼於下午忽發痔疾，熱度竟至百零二度以上也，見母子談話與母詢兒病，親愛之情引為余平生第一之樂事，惟此憂亦甚多也。」蔣會對此引為平生第一之樂事，是緣於宋美齡正是因為對緯國有所隔閡，才導致兩人間的不愉快。蔣何嘗不瞭解正因為相愛所以相爭，因此在十

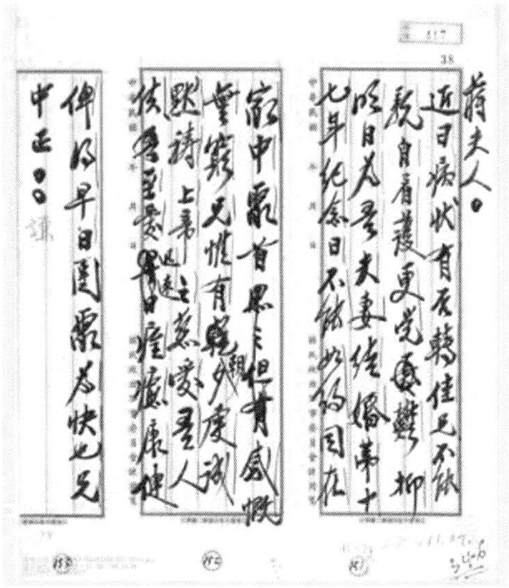
蔣夫人。近日病狀有否轉佳，兄不能親自看護，更覺憂懸[illegible]。明日為吾夫妻結婚第十七年紀念日，不能如昔同在家中聚首，思之但有感慨無窮，兄惟有竟夕虔誠默禱上帝，以慈愛吾人，保佑吾至愛早日痊癒康健，俾得早日團聚為快也。兄中正。

一九四四年十一月二十九日，蔣中正致宋美齡電稿（檔號：002-040100-00005-067）

二月二日孔祥熙為兩人設宴調解，蔣感慨繫之：「晚應庸兄之宴為我夫婦作結婚紀念也，妻愛情之篤，悲而歡者萬感交集，余苦無以慰其所懷也。」一九四四年宋以養病為由常住美國，十一月二十九日蔣致電宋感慨不能聚首家中，唯有默禱康健，期待早日相聚

次日又在日記中感念：「今日為我夫妻結婚第十七年紀念，即發表『我們的今日』之日也．撫今思昔，感想千萬。今日妻病於美國，不知其症狀究竟如何？天各一方，不能聚首為歎。而又以戰事緊急，敵寇侵入黔境憂慮不置。惟賴上帝保我中華，佑我國軍，救我良妻，使能迅速轉危為安，轉敗為勝，轉憂為樂耳。」國事、軍事、家事，可以看到蔣的思緒何其憂

一九四七年十二月一日，蔣中正伉儷結婚二十周年紀念合影（檔號：002-050101-00010-001）

慮，期盼何其深摯。

一九四七年蔣日記中記著：「本日為余夫妻結婚二十周年紀念日，初醒時夫妻即互相道賀，常以愛情彌篤與年俱進，若以結婚初時相比，敬愛親睦之精神，則今日不啻增加十倍也。夫妻在一生艱鉅困窮之中，惟有引此自慰而已，感謝天父之恩賜不置。」次日夫妻二人「宴四十餘客，胞嫂與經兒皆歡敘一堂為樂。」並且照相以誌紀念。該星期反省錄中蔣又記：「二十周年結婚紀念，夫妻敬愛之心久而彌篤，是為一生患難中最足自慰之一事。」二十年婚謂之為「瓷婚」，雖然光澤誘人，但仍然需要細心呵護。

一九五〇年蔣、宋結婚第廿三年紀念日，由於宋美齡在這一年年初赴臺灣與

一九五六年十二月一日，結婚二八周年紀念時日月潭合影（檔號：002-050101-00028-040、042）

蔣中正共生死，兩人之間情比金石，這一天「夫妻並肩跪禱，讀經如常。」短短一句，道盡兩人相知相守的決心。一九五三年結婚二十六周年紀念日，蔣記：「撫今思昔，自覺夫妻恩愛年增一年，其間經過辛苦與危險困阨之革命事業雖亦日漸增多，但回想夫妻共患難同生死，與家中子孝孫順，和睦一堂之人生，雖苦亦樂，履險如易，總覺前途光明，深信革命事業自由天父洪恩賜我必成。若至卅六周年之結婚紀念，革命事業當可由我倆親手完成乎。」一九五五年結婚二十八周年紀念，蔣宋同遊日月潭，在山水之中譜下深情不移的戀曲：「畢生革命，年年皆在戎馬奮鬥之中，至今兩鬢如霜，一事無成，對家對國慚惶無已，惟在此大失敗之後，仍能享受此種山水美景之樂，不禁感謝上帝賜予洪恩不置，更信皇天決不負其有心之子民，今日失敗之逆境，必為日後成功之基點矣。」

一九五七年為結婚三十周年，「與妻往大溪別墅

一九五七年十二月一日，結婚三十周年紀念攝於大溪（檔號：002-050113-00030-215-230）

作結婚紀念，以陳辭修夫人等十四人為我倆祝賀，在一年前有約也，餘興中有杜太太與關太太合唱四郎探母最佳，晚宴時亦有抽籤等有趣娛樂。」三十年是珍珠婚，看照片中宋美齡佩著珍珠項鍊，不知是不是結婚禮物？但從眾人的穿著來看確是精心準備，無怪乎說是「在一年前有約也」。但在歡愉之中，蔣仍念念不忘：「吾人本以完成革命，實行主義為結婚志願，迄今大陸淪陷尚待收復，而革命之志何時得酬，能不加倍奮勉，期償宿願，不負此一紀念乎。」

一九六一年結婚三十四周年紀念，「同感謝上帝恩德，使我家庭康樂，夫妻愛情彌篤也。」當日正午大貝湖澂清樓宴宋之女友十人，留下了這張蔣宋深情相望的照片。

一九六二年蔣攝護腺開刀，飽受折磨，甚至立下遺囑，因此當情況逐漸穩定，又逢結婚三十五年紀念日，蔣不免感慨繫之：「今晨六時起床，夫妻並肩默告，感謝上帝賞賜我家如此安樂和睦與幸福，又使我如此重病災難竟能消除康復，以慰我們父母在天之靈，此為本年最大之感謝帝恩

一九六一年十二月一日，結婚三十四周年攝於大貝湖（檔號：002-050113-00045-125）

也。」一九六六年結婚卅九年紀念，蔣宋在日月潭，蔣自記心情：「結婚時正我下野，革命遭受危機最大之難關，今日與前比較雖未下野，而遭卻退守臺灣，其反攻待時之心緒，則正當時在滬相同也。」這是蔣在結婚紀念日最後一次以革命之志自我期許，此後數年，一直到他病重停止記日記，又度過了四十到四十五周年的結婚紀念日，但都只是輕輕帶上一筆，或「禱告感謝上帝恩賜」，或「約宴夫人之女友十餘人歡聚」，壯志雄心似乎不再，有的只是兩人暮年相伴的向道之心與生活之趣，但也更顯出了攜手半世紀的相依相恃。

第九章　結語

這本小書可以說是從蔣中正的日記來看蔣中正與宋美齡的婚姻，當然難免有自我吹噓之嫌，有避重就輕之處，但從蔣日記中看他自己的感情世界，也確實可以看到許多深刻的自我剖析。蔣中正與宋美齡結婚以前，已經有過三位妻妾，但是他在日記中一直認為自己是不幸婚姻的受害者。他對原配妻子毛福梅，除了憐憫以外沒有其他感情，對於姚冶誠、陳潔如則是愛、恨交織。但是蔣中正與宋美齡的情感卻不一樣，從交往到成婚，從少年夫妻到白首老伴，這段半世紀的婚姻，在蔣日記中看來，不僅沒有政治色彩，而且充滿了繾綣深情；不僅沒有褪色，而且愈來愈香醇深濃。許多人質疑蔣宋的婚姻是政治婚姻，但閱讀蔣日記之餘，忍不住對這半世紀的婚姻主角，寄予無限的嚮往：夫妻二人有共同的信仰、共同的生活、共同的經驗、共同的話題；中國人常用「死生契闊，與子成說」形容歷久彌新的友情或感情，似乎為這一段婚姻作了最好的註腳。

如書中所說：傳統的婚姻像用慢火煮水，愈搗愈熱；新式的婚姻像是滾水離火，愈放愈涼。蔣、宋從兩人一九二七年結縭以來，禍福與共、甘苦共嘗，他們的婚姻之路也許不是一帆風順，但兩人用真情真心相待，用理想熱情支持，用智慧排難解紛，用耐心磨合廝守，無數歲月與患難累積堆砌而成的，真正是「執子之手，與子偕老」的雋永深情，輕輕化作一句「但願如同樑上燕」，相知相伴的又何只是世上的歲月！無怪乎到宋美齡晚年百歲之際，每天早上會對牆上掛著的蔣中正照片深情呼喚：「早安！達！」會對往訪的孔家子侄殷殷囑咐：「去跟你們的姑丈打個招呼，他在等你們。」因為在宋美齡的心中，蔣中正永遠陪伴在她的身邊，永遠的「歲歲常相見」。

血歷史193　PC1007

新銳文創 INDEPENDENT & UNIQUE

蔣中正的婚姻記愛

作　　者	陳立文
責任編輯	許乃文
圖文排版	楊家齊
封面設計	劉肇昇

出版策劃	新銳文創
發 行 人	宋政坤
法律顧問	毛國樑　律師
製作發行	秀威資訊科技股份有限公司 114 台北市內湖區瑞光路76巷65號1樓 電話：+886-2-2796-3638　傳真：+886-2-2796-1377 服務信箱：service@showwe.com.tw http://www.showwe.com.tw
郵政劃撥	19563868　戶名：秀威資訊科技股份有限公司
展售門市	國家書店【松江門市】 104 台北市中山區松江路209號1樓 電話：+886-2-2518-0207　傳真：+886-2-2518-0778
網路訂購	秀威網路書店：https://store.showwe.tw 國家網路書店：https://www.govbooks.com.tw

出版日期	2021年4月　BOD一版
定　　價	360元

Printed in Taiwan

國家圖書館出版品預行編目

蔣中正的婚姻記愛 / 陳立文著. -- 一版. -- 臺北市 : 新銳文創, 2021.04
面； 公分. -- (血歷史 ; 193)
BOD版
ISBN 978-986-5540-35-7(平裝)

1. 蔣中正 2. 婚姻 3. 傳記

005.32 110004681

讀者回函卡

感謝您購買本書，為提升服務品質，請填妥以下資料，將讀者回函卡直接寄回或傳真本公司，收到您的寶貴意見後，我們會收藏記錄及檢討，謝謝！

如您需要了解本公司最新出版書目、購書優惠或企劃活動，歡迎您上網查詢或下載相關資料：http:// www.showwe.com.tw

您購買的書名：______________________________

出生日期：________年________月________日

學歷：□高中（含）以下　□大專　□研究所（含）以上

職業：□製造業　□金融業　□資訊業　□軍警　□傳播業　□自由業

□服務業　□公務員　□教職　□學生　□家管　□其它_____

購書地點：□網路書店　□實體書店　□書展　□郵購　□贈閱　□其他

您從何得知本書的消息？

□網路書店　□實體書店　□網路搜尋　□電子報　□書訊　□雜誌

□傳播媒體　□親友推薦　□網站推薦　□部落格　□其他__________

您對本書的評價：（請填代號　1.非常滿意　2.滿意　3.尚可　4.再改進）

封面設計____　版面編排____　內容____　文／譯筆____　價格____

讀完書後您覺得：

□很有收穫　□有收穫　□收穫不多　□沒收穫

對我們的建議：______________________________

____

____

____

請貼
郵票

11466
台北市內湖區瑞光路 76 巷 65 號 1 樓
秀威資訊科技股份有限公司 收
BOD 數位出版事業部

（請沿線對折寄回，謝謝！）

姓　　名：＿＿＿＿＿＿＿＿　年齡：＿＿＿＿　性別：□女　□男

郵遞區號：□□□□□

地　　址：＿＿＿＿＿＿＿＿＿＿＿＿＿＿＿＿

聯絡電話：(日)＿＿＿＿＿＿＿＿(夜)＿＿＿＿＿＿＿＿

E-mail：＿＿＿＿＿＿＿＿＿＿＿＿＿＿＿＿